AF359639

ANNALES DU MUSÉE GUIMET

REVUE

DE

L'HISTOIRE DES RELIGIONS

PUBLIÉE SOUS LA DIRECTION DE

M. JEAN RÉVILLE

AVEC LE CONCOURS DE

MM. E. AMÉLINEAU, de l'École des Hautes Études ; A. AUDOLLENT, maître de conférences à la Faculté des lettres de Clermont-Ferrand ; A. BARTH, de l'Institut ; A. BOUCHE-LECLERCQ, professeur à la Faculté des lettres de Paris ; P. DECHARME, professeur à la Faculté des lettres de Paris ; I. GOLDZIHER, professeur à l'Université de Budapest ; J.-A. HILD, professeur à la Faculté des lettres de Poitiers ; G. LAFAYE, maître de conférences à la Faculté des lettres de Paris ; L. MARILLIER, de l'École des Hautes Études ; G. MASPERO, de l'Institut, professeur au Collège de France ; P. PARIS, professeur à la Faculté des lettres de Bordeaux ; ALBERT RÉVILLE, professeur au Collège de France ; C.-P. TIELE, professeur à l'Université de Leyde, etc.

Secrétaire de la Rédaction : M. ÉMILE CHASSINAT

ALFRED MILLIOUD

—

LE

COUVENT CATHOLIQUE DE KYÔTO

PARIS

ERNEST LEROUX, ÉDITEUR

28, RUE BONAPARTE, 28

—

1895

La REVUE DE L'HISTOIRE DES RELIGIONS paraît tous les deux mois, par fascicules in-8 raisin, de 8 à 10 feuilles d'impression.

Prix de l'Abonnement annuel : Paris . . . . 25 fr.

—   —   Départements . . . 27 fr. 50

—   —   Étranger . . . . . . 30 fr.

Un numéro pris au Bureau . . . . 5 fr.

TARIF DES ANNONCES

Une page . . . . 30 fr.

Une 1/2 page . . . . 20 fr.

Tous les ouvrages envoyés à la Revue y seront annoncés, et, s'il y a lieu, analysés.

La Revue est purement historique ; elle exclut tout travail présentant un caractère polémique ou dogmatique.

Prière d'adresser tous les ouvrages destinés à la Revue à M. JEAN RÉVILLE, *directeur de la Revue de l'Histoire des Religions*, chez M. Leroux, éditeur, 28, rue Bonaparte, à Paris.

HISTOIRE

DU

COUVENT CATHOLIQUE DE KYÔTO

(1568-85)

PRÉFACE

Nobounaga fit bâtir ce couvent au cours de l'ère Tentchô (1573-92). Il n'avait pas d'autre dessein, lorsqu'il établit le christianisme au Japon, que d'accroître sa puissance, en englobant d'un seul coup tous ses adhérents dans son parti. Il fut extrêmement difficile d'extirper ensuite, dans toutes les contrées du Japon, le poison de ces erreurs. Il ne fallut pas moins de soixante ans pour exterminer définitivement le christianisme; et l'on peut bien dire que ce fut une œuvre admirablement conçue dans l'intérêt de la tranquillité des âges suivants.

Les fauteurs de ces pernicieuses doctrines prétendaient satisfaire, avec ces enseignements, aux besoins spirituels de leurs adhérents; en réalité, ils cachaient sous ce déguisement le dessein de s'emparer de notre pays.

Voici que, dans ces dernières années, ces gens pénètrent de nouveau dans notre capitale, abusent et excitent le peuple, rallument les cendres refroidies des calamités passées, et nous procurent ainsi le plus douloureux spectacle. Je parcourais récemment l'*Histoire de la grandeur et du déclin du couvent des Barbares du sud*[1]. Le style en est grossier; mais on nous y met assez bien

---

1) C'est le titre exact du petit volume que je traduis ici. Il a été imprimé à Tôkyô en 1885 et fait partie d'une collection de documents historiques, *Choséki Chou-ran*. Le post-scriptum est joint à cette Histoire sans nom d'auteur; il n'a pas même le titre de post-scriptum, qui se rencontre fréquemment dans les ouvrages japonais; il nous apprend que ce volume est un abrégé de l'ouvrage

sous les yeux les tromperies et la duplicité de ces gens. Il est dit, dans l'*Abrégé de tactique* : « Connais autrui, connais-toi toi-même, et tu pourras livrer cent batailles, sans courir de danger. » Ce que nous avons, nous, à faire aujourd'hui, c'est d'examiner de près les dispositions funestes de ces étrangers, de pénétrer leurs mauvais desseins. Alors, réprouvons-les dans nos discours, battons-les dans nos écrits. Puis, ce maudit esprit une fois anéanti, jetons au feu tous leurs livres et anéantissons toute trace de leur passage; voilà qui sera bien.

Écrit par Ki-you, dans la Salle des anciens Livres sacrés, près de la Fenêtre aux plantes odorantes, en 1868, le jour de la Restauration.

Sous le règne d'Ôkimatchi-tennô, le cent septième de nos empereurs (1568-86), Oda Nobounaga, qui, sortant de sa province natale d'Owari, avait battu d'abord Saitô, pour s'emparer de la province de Mino (1564), chassa le seigneur Sasaki de la province d'Ômi, et, prenant sous sa protection le chôgoun Yochi-aki, le ramena à Kyôto (1568). Après s'être adjoint les troupes de Tocougava[1] qui venait du sud (1569), il détruisait les Açacoura, qui dominaient dans le Hocou-étsou, et les Açaï, dans le nord de l'Ômi et se prépara à subjuguer les provinces du centre[2] (fin de 1573).

---

intitulé : *Histoire des origines du christianisme.* Je n'ai pas retrouvé ce nom parmi une liste assez nombreuse d'ouvrages japonais traitant de l'histoire du christianisme au Japon. Cependant, à le comparer avec d'autres documents, il offre un très bon type de cette littérature. Peut-être l'auteur de l'abrégé est-il celui qui y a inséré des notes en petit texte (voir p. 278, note 4). Je donne ces notes entre parenthèses et j'ajoute les dates selon l'ère chrétienne.

1) Ié-yass, le futur fondateur de la dynastie de Chôgouns renversée en 1868.

2) Ce sont les huit provinces appelées aussi San-yô-dô, ou la Région au midi des montagnes, qui bordent la mer Intérieure, de l'extrémité ouest de l'île de Nippon, en face de Kiou-chou, aux frontières de la province de Séttsou, où se trouvent les villes bien connues d'Ôsaca et de Kôbé. En 1577, Nobounaga fit son principal lieutenant, Hidé-yochi, suzerain de Harima, l'une de ces provinces, où il alla demeurer. Dès lors, ils en poussèrent la conquête avec vi-

Le bruit de ses exploits se répandait déjà jusque dans les provinces de l'ouest.

Vers cette époque, un vaisseau étranger du sud vint aborder dans l'île de Kiou-chou, au port de Nagasaki, dépendant du seigneur de la province de Hizén, nommé Ryôzôji Tacachigué[1]. Il amenait un homme à l'aspect extraordinaire. Haut de neuf pieds japonais[2], la tête petite à proportion du corps, le visage rouge, les yeux ronds, le nez long; vu de côté, il avait les épaules ployées; sa bouche atteignait jusqu'aux oreilles et ses dents, très blanches, étaient pareilles à celles d'un cheval. Ses ongles semblaient des griffes d'ours. Il avait les cheveux gris; son âge pouvait être d'une cinquantaine d'années. On l'appelait le Padre Ouroucan.

Chaque jour, il allait se promener aux alentours des temples chintauïstes et bouddhiques; son aspect inusité faisait que le peuple s'attroupait autour de lui. Quelqu'un dessina cette figure étrange[3], y joignit une note, et la fit passer dans les provinces du centre. Elle arriva ainsi à Kyôto. Nobounaga était alors à Atsoutchi[4], dans la province d'Ômi. On lui parla de ceci, et il désira se faire amener cet étranger. Mais, songeant que le seigneur Ryôzôji le retiendrait peut-être de force, il eut recours à une ruse. Il prit pour affidé un certain serviteur de la maison du chôgoun, nommé Guén-naï, et lui donna en secret une prétendue lettre du chôgoun, qui contenait l'ordre de faire venir l'étranger. Guén-naï partit pour Kiou-chou, en se donnant faussement la

gueur. En 1582, lorsque périt Nobounaga, Hidé-yochi assiégeait un château fort dans le Bitchou, une autre de ces huit provinces. Voir Appendice A.

1) Tous les autres documents que j'ai pu consulter l'appellent Taca-nobou, et lui donnent la province de Tchicougo. Il fut tué en 1583, dans une bataille contre Chimadzou Yochi-hisa. le puissant seigneur du Satsouma.

2) Huit pieds (japonais) constituent la taille normale.

3) Un des grands voyageurs arabes du moyen âge raconte pareillement qu'à peine avait-il fait un tour dans une certaine ville de la Chine, qu'il vit son portrait affiché partout.

4) Il s'était fait bâtir là un château en 1576, et en avait fait sa résidence habituelle; il n'était pas loin de Kyôto, mais sur la rive opposée du lac Biwa.

D'autres documents fixent l'arrivée d'Ouroucan et la fondation du couvent en 1568.

qualité de messager officiel. Arrivé là, il remit sa lettre à Ryô-zôji qui la lut, et, sans se douter de la forgerie, s'empressa de s'y conformer. Il fit conduire l'étranger à Kyôto par des officiers de sa maison, nommés Nacanichi Kémmotsou et Sasawara Ya-zaémon [1]. Nobounaga avait détaché, aux alentours de Toba et de Yotsou-tsouca [2], une troupe de soldats qui réclamèrent l'étranger au passage et l'amenèrent à Atsoutchi. Lorsque les officiers qui l'accompagnaient revinrent auprès de Tacachigué et lui rapportèrent le stratagème de Nobounaga, il entra dans une violente colère; mais il n'y avait plus rien à faire.

Cet étranger arriva donc à Kyôto le 3 du neuvième mois. Or, le 24 du mois précédent, au temple de Soumi-yochi, dans la province de Séttsou, on avait senti une secousse du sol, accompagnée d'un grand bruit et soixante-six pins avaient été renversés. Le chef du temple, Couni-mouné, dignitaire du troisième rang de cour et seigneur de la province de Séttsou, envoya sur cet événement un mémoire à la cour impériale qui en délibéra. Ce n'était pas tant le fait des pins abattus, que cette singularité : il y en avait justement soixante-six, le nombre des provinces du Japon. Cela parut un mauvais présage, et l'on ordonna des prières dans les temples bouddhiques et chintauïstes. En effet, c'était un présage de l'arrivée de cet étranger, avec les détestables croyances qu'il devait répandre, au grand détriment de notre peuple.

Donc, l'étranger, arrivé ensuite à Atsoutchi, prit trois jours de repos dans le couvent Myô-hô-ji (de l'Excellente doctrine).

Le 3e jour du neuvième mois, il fut mandé au château. A l'occasion de cette entrevue, il était vêtu d'un habit appelé *haaüto*, d'une étoffe de même espèce que les grossières étoffes de laine. Le bord en était étroit, les manches longues; il se fermait le côté gauche par-dessus le droit [3]. Il avait l'apparence très humble et

---

1) L'office de Kémmotsou ou intendant se rattachait au Ministère du Palais de l'empereur. Il ne s'agit ici que d'un titre honorifique, peut-être même d'un simple nom.

2) A 1 ou 2 lieues de Kyôto.

3) Ce qui était contraire à l'usage japonais; c'est comme si l'on disait : Il avait boutonné son habit à l'envers.

la voix comme le roucoulement d'une colombe; on ne pouvait distinguer ce qu'il disait. On aurait dit une chauve-souris, les ailes ouvertes; c'était extrêmement laid à voir. Il avait sur lui des parfums exquis, dont l'odeur se répandait dans toute la salle. Voici comment il salua Nobounaga. Alignant ses deux bras et le bout des doigts des deux mains, il les porta en avant, joignit les deux mains et les mit sur sa poitrine, en même temps qu'il courbait la tête. C'est vraiment une curieuse étiquette. Ses présents furent de sept espèces :

1° Un « télescope », avec lequel on voyait, d'un œil, à 75 lieues de distance;

2° Un « microscope », qui faisait paraître un grain de moutarde aussi gros qu'un œuf;

3° Cinquante peaux de tigre;

4° Cinq tapis;

5° Un « fusil »; on n'avait encore jamais frappé une cible chez nous avec cet instrument;

6° Cent livres d'aloès;

7° Huit moustiquaires à suspendre.

Dans une boîte parfumée, d'un pouce huit lignes, il avait un rosaire, qu'il appelait « contats », dont les grains étaient d'un métal pourpre, et au nombre de 42 (parce qu'il y a quarante-deux pays des chrétiens) [1]. Il les entassa sur un plateau de laque rouge sculpté.

Nobounaga lui fit demander par Inoco Hyônosouké, pour quelle raison il était venu au Japon. L'interprète transmettait les discours de part et d'autre. Ouroucan répondit : « J'ai fait ce voyage dans l'unique dessein de répandre le bouddhisme (*sic*); je n'ai absolument pas d'autre désir que celui de réaliser ce vœu. » Telle fut l'information qu'il donna. L'entrevue terminée, Nobounaga l'installa dans le couvent Myôhôzi, et désigna Naca-idzoumi Tôzaémon comme officier chargé de veiller à l'entretien de l'étranger.

1) Ce mot, espagnol ou portugais, a-t-il un rapport avec : compter? Le rosaire bouddhique a 108 grains.

A Atsoutchi, on délibéra ensuite sur ses projets de propagande. Plusieurs étaient d'avis qu'ou l'arrêtât court dans cette entreprise, mais Nobounaga décida autrement. Il ordonna à Sougué-no-ya Couza-émon d'offrir à l'étranger un terrain de 4 tchô de surface [1] à Kyôto, dans le quartier Chidjô; on l'entoura d'un mur, on y construisit un monastère, et on le nomma couvent d'Eï-rocou [2].

Là-dessus, les moines du mont Eï-zan se fâchèrent et prétendirent qu'aucun autre couvent que le leur, le couvent Ennriacou-ji, n'avait le droit de s'appeler du nom d'une ère. Leur prieur porta plainte auprès du grand prêtre Yô-én. Celui-ci répondit : « Ce point est en effet établi par une ancienne loi. Mais anjourd'hui les empereurs n'ont plus d'autorité; leur pouvoir est nul; la puissance du bouddhisme même est fort affaiblie. Nobounaga accroîtra la sienne de jour en jour et si, prétendant faire passer votre volonté, vous faites acte d'hostilité envers lui, vous n'attirerez que le malheur sur votre monastère; l'autorité du souverain même serait incapable d'y remédier. Le mieux est d'arranger cette affaire à l'amiable. » Malgré cette décision, le monastère s'ameuta. Ils s'assemblèrent dans la cour de la grande salle des prédications et rédigèrent une « requête pressante »[3] à la cour ; puis ils désignèrent cent trente des leurs pour descendre de la montagne et porter la lettre. A la cour, on délibéra. Comme ils menaçaient, dans cette requête, si la décision se faisait attendre, d'envahir le palais, précédés du palanquin divin [4], ce qui aurait causé de graves désordres à Kyôto, et qu'il ne fallait

1) Le *tchô* a 108,000 pieds carrés anglais.

2) C'est le nom de l'ère qui va de 1558 à 1569 inclusivement. L'ère Enriacou va de 782 à 806 ; le couvent du même nom, un des plus fameux du Japon, fut fondé en 788.

3) C'est-à-dire avec menace d'employer la force. Le terme était consacré par un ancien et fréquent usage.

4) Déjà en 1113, les prêtres de ce temple, irrités contre l'Empereur, à l'occasion d'une querelle avec ceux du temple important Cô-boucou-ji, à Nara, marchèrent sur la capitale, au nombre de plusieurs milliers ; on les repoussa par la force. En de telles occasions, ils portaient devant leur troupe, comme emblème du triomphe, le *chinn-yo* ou palanquin sacré, qu'ils prenaient au temple de Hiyochi. En 1177, on les vit pénétrer jusqu'aux portes du palais. Ils furent battus mais obtinrent l'objet de leurs plaintes.

pas tarder à donner un ordre à Nobounaga, l'empereur retiré Kwazan-no-Inn lui fit communiquer par le ministre Hiromaça la teneur de cette requête. Nobounaga, quoique mécontent, se conforma à l'ordre impérial et changea le nom contesté en celui de *Namban-ji* ou monastère des Barbares du sud.

Ensuite, il fit donation au monastère d'une terre de 500 mesures de riz [1] de revenu, dans la province d'Ômi, au district de Kôga. Le monastère s'éleva bientôt, et émerveilla, par sa majestueuse construction, tous ceux qui le virent.

Les forces d'Ouroucan seul ne pouvaient suffire à l'œuvre de la propagande; il lui ordonna de faire venir de sa patrie d'autres prêtres, et Ouroucan, avec la plus grande joie, fit parvenir cette nouvelle dans son pays. Or, ce nom de Pays chrétien des Barbares du sud désigne le royaume d'Espagne (qui comprend le Portugal et la Castille), situé sur les bords de la mer, à environ 12,000 lieues du Japon. On voit, sur la carte du monde, que la Chine est à l'ouest du Japon. La raison du nom des Barbares du sud est qu'au sud du Japon se trouvent des pays dépendant de l'Espagne, tel que le port d'Ama, Luçon, etc. [2]. Amacava, Luçon, etc. sont au moins à 800 lieues du Japon, tout droit au sud. Ils ne sont pas voisins de l'Espagne; ils tombèrent sous sa dépendance parce que c'étaient des îles sans défenseurs, et qu'ainsi les Barbares du sud prirent l'habitude d'y faire relâche; aujourd'hui, il y en a beaucoup qui y habitent; c'est ainsi qu'ils sont tombés en état de dépendance.

Parmi les pays voisins de l'Espagne, il y a Ekéréss ou Angleterre (appelée aussi Ankiria), ou encore Ikiriss. Ce pays est une île à l'ouest de la Hollande; il est éloigné du Japon de 11,700 lieues. D'après ce qu'on en sait de tradition, c'est un pays habité par une autre race que celle qui habite le pays des Barbares du sud. Toutefois, à partir de 1634, il a été également interdit aux navires de ces quatre pays, Espagne, Angleterre, Amacava, Luçon, de relâcher au Japon.

---

1) La mesure à 7 1/2 pieds cubes anglais.
2) Voir l'Appendice C, sur les noms propres.

Or, ceux qui vinrent de la patrie d'Ouroucan, était des frate, des padre, l'hermano Grégoire, l'hermano Marcos (padre équivaut à maître ; frate, à disciple). Le vaisseau qui les amenait s'arrêta à Obama (Petit-Port), dans la province de Wacasa[1]. Il faut croire que Nobounaga avait donné cet ordre d'avance à Ouroucan, dans l'incertitude où il était des dispositions qu'aurait Ryôzôji à leur égard, s'ils abordaient pour la seconde fois sur son territoire. Ils gagnèrent ensuite Kaï-tsou[2], dans la province d'Omi ; puis faisant route par eau sur le lac Biwa, ils arrivèrent à Otsou[3], et entrèrent enfin dans le monastère de Kyôto. Là, ils rencontrèrent Ouroucan, qui fit avertir Nobounaga. Celui-ci accueillit cette nouvelle avec joie, et manda les étrangers à Atsoutchi. On les mena au couvent Myô-hô-ji, où ils attendirent ses ordres. Au nombre de trois, ils montèrent ensuite au château, et eurent une entrevue avec Nobounaga ; ils observèrent la même étiquette que le Padre Ouroucan.

Les frate et padre qui étaient venus cette fois étaient d'un pied et demi plus hauts qu'Ouroucan, de teint pâle, les cheveux et la barbe de couleur blonde. Leurs habits étaient de même espèce que ceux d'Ouroucan, des *aito*. Les deux hermanos étaient des médecins et chirurgiens admirables. (Dès la première fois qu'Ouroucan vint à Atsoutchi, un Rapporteur des Barbares du sud avait été créé en la personne de Nagatani Kawataké.) Cette fois, ils apportaient des présents de six sortes : des perles de verre, un paquet d'encens, dix peaux de chien, une table d'agate, dix peaux de tigre et cinquante pièces de laine de cinq couleurs. Peu de jours après, ils rentrèrent dans leur monastère, et adressèrent de là une requête à Nobounaga, où ils disaient : « La religion de l'Empereur du ciel secourt en tous pays les malades, les pauvres, les affligés. Elle donne la paix à l'homme, dans quelque situation qu'il se trouve, et, par ses enseignements, assure à tous les hommes l'accomplissement de leur désir de vivre en

---

1) Sur la côte nord du Japon. Ils ne passèrent donc pas par la mer Intérieure.
2) A l'extrémité nord du lac Biwa.
3) A peu près à l'extrémité sud-ouest de ce lac, à peu de distance de Kyôto.

paix dans le présent, et de jouir de la félicité future. Afin de
vaquer à ce soin, nous voudrions avoir un jardin pour y cul-
tiver toute espèce de plantes médicinales. » Nobounaga approuva
cette idée, et leur dit de choisir un terrain dans les provinces li-
mitrophes du Yamachiro. Les deux hermanos demandèrent et
obtinrent le mont Ibouki[1]. Ils y montèrent, le défrichèrent sur
une étendue de 50 tchô[2], et y créèrent un jardin de plantes médicinales, pour lequel ils firent venir de leur patrie trois mille
sortes de rejetons et de graines. (Voilà pourquoi, aujourd'hui
encore, à deux cents ans de distance, les racines s'étant con-
servées sur cette montagne, on y trouve des plantes uniques, telles
que l'angélique[3] et l'armoise[4].)

En outre, ils avaient apporté de leur pays une quantité d'objets de prix, qu'ils échangeaient pour de l'or et de l'argent ; des
colliers de sept sortes de pierres précieuses, des tentures de
brocart d'or, des dais de soie brodée à fleurs, et enfin soixante
et une espèces d'encens exquis, qui embaumaient l'air jusqu'au
dehors du couvent ; tous les passants s'arrêtaient devant la porte.
(On dit qu'ils étaient de l'espèce de ceux qu'on brûle sur les au-
tels bouddhiques, devant le Bouddha principal.)

Tout ceci se redisant dans le peuple, les gens venaient en foule
voir le Monastère ; non seulement des provinces environnantes
du Gokinaï, mais encore des provinces de l'ouest, de celles du
centre, et de celles qui avoisinent Kyôto, en dehors du Gokinaï.
Cependant, quoiqu'il y eût chaque jour foule devant le couvent,
personne, à part les prosélytes, n'était admis à adorer leur Saint

1) Cette montagne appartient à la province d'Ômi, et la sépare de celle de Mino
à l'est. Nobounaga venait de conquérir ces deux provinces.

2) Une superficie d'environ 2,325 pieds anglais de côté.

3) Jap. *sénkiou*, ou aussi *onna-gouça* ou herbe des femmes, plante médici-
nale amère. En 1737, suivant les Annales des empereurs du Japon, une épidémie
sévit dans les provinces orientales du Japon parmi les chiens, loups, renards,
blaireaux. Les hommes, les chevaux et les vaches, mordus par ces animaux
malades, mourraient également. Aucun remède n'en triompha, si ce n'est, dit-
on, le mélange de trois herbes dont l'une était le sénkiou ; les deux autres, la
salsepareille et la réglisse.

4) C'est donc vers 1770 que furent écrites les notes en petit texte intercalées
ici et là. Voir le post-scriptum.

suprême. Les gens du couvent, bien loin d'être ennuyés par cette multitude, envoyaient des hommes par toute la capitale et au dehors, jusqu'aux carrefours des chemins des montagnes ou de la lande, là où ne se trouve qu'une niche à image divine, jusque sous les ponts, pour chercher les plus dégradés, les mendiants, tous ceux qui souffraient de graves maladies. Ils les ramenaient avec eux, leur faisaient prendre un bain chaud qui les nettoyait; puis ils leur donnaient des habits, les réchauffaient, les soignaient de toutes façons, de sorte que le mendiant d'hier était aujourd'hui une homme vêtu de soie de Chine. La joie qu'éprouvaient ces pauvres gens faisait que beaucoup de leurs maladies guérissaient. En particulier la lèpre et autres graves affections cédaient en peu de mois et entièrement au traitement médical des étrangers. Dans tous les pays, au près et au loin, se répandaient les bruits les plus divers sur eux; on les traitait de véritables Bouddhas et Bodhisattvas, apparus ici-bas pour secourir et sauver le monde. Aussi, de toutes parts, ceux qui, affligés de maux terribles, sans ressources, se trouvaient à bout de forces, ou ceux que n'avaient pu guérir les soins de tous les médecins, des gens de la classe noble, comme de la plus basse, faisaient foule devant le Monastère. Les deux hermanos, Grégoire et Marc, les retenaient tous, leur donnaient de bons remèdes; puis, rassemblant les malades à moitié guéris, ils leur parlaient ainsi : « Notre patrie comprend quarante-deux pays[1], mais non pas, comme dans la vôtre, divisés les uns d'avec les autres ; c'est un seul grand pays. Mais, comme on y révère le Souverain du ciel, on n'y voit point de misérables ni de gens affligés de graves maladies; le souverain de notre pays est plein de bonté; il n'a pour son pays que des sentiments de pitié et d'amour; bien plus, il est pénétré de pitié pour tous ces pays du monde qui n'adorent pas le Souverain céleste et ignorent comment on peut échapper aux tourments de la misère et de la maladie, grâce à cette croyance, qui nous donne dans le présent la paix, et plus tard, la

---

1) D'après d'autres documents, tous les discours de ce genre se rapportaient au Portugal. Voir Appendice C.

félicité ; encore s'il n'y avait que les tourments de cette vie ; mais tomber dans l'abîme des châtiments éternels ! — voilà pourquoi il est pris de pitié et nous ordonne de parcourir le monde pour répandre la religion du Souverain céleste. C'est parce qu'on ne connaît pas le culte à lui rendre, qu'il y a, au Japon et ailleurs, tant de misérables. C'est à cause de la profonde corruption des cœurs que se forment les bandes de voleurs ; vous avez, ailleurs, des gens accablés par les tourments de maladies pénibles ; comme le désir des heureuses demeures à venir n'est pas à portée de leur esprit, ils tombent dans la misère ; de cette misère naît la corruption, et cette corruption, à son tour, livre leur corps aux tourments de la maladie.

« Or, nos soins peuvent guérir les maladies de cette vie ; mais non pas les maladies terribles du temps à venir. La souillure du corps peut se laver ; celle du cœur, tous les flots de l'océan ne l'enlèveraient pas. Maintenant, s'il y a des gens qui, sans avoir rien fait de mal dans cette vie, souffrent de maladie, ou de la misère, c'est l'effet des mauvais actes de leur vie précédente (*sic*). Par conséquent, il est impossible d'échapper aux peines éternelles avant d'en avoir fini avec cette existence antérieure. Que chacun, qu'il soit à l'abri des peines éternelles par la pureté de son cœur, ou non — révère ce miroir. » En disant cela, ils suspendaient devant eux, avec de grandes marques de respect, un miroir, nommé le Miroir des trois mondes[1], et le leur faisaient saluer. Leurs auditeurs sentaient la foi naître dans leur cœur. Ils se disaient : « Quelle admirable et rare chose, certes, que de voir comment sera notre vie future », et ils saluaient ce miroir. Alors une image y apparaissait, tantôt celle d'une vache, tantôt celle d'un cheval, d'un oiseau, d'une bête, tantôt même celle d'une figure hideuse. Ces gens s'effrayaient, versaient des larmes, suppliaient avec des cris les deux hermanos de faire descendre sur eux la compassion du Roi du ciel, et de les sauver des châtiments à venir. Les hermanos répondaient : « Vous êtes tous dans une

---

1) Nom imité de l'expression bouddhique si fréquente : les trois mondes ou existence antérieure, actuelle et future.

affliction profonde; nous pouvons vous communiquer la sainte formule mystique de l'adoration du Roi du ciel Purifiez votre cœur, et, de toutes les forces de votre âme, répétez tous en tenant ce rosaire, les paroles sacrées; à chaque répétition, faites rouler un grain. » En même temps, ils leur donnaient un rosaire, appelé *contats*, et composé de 42 grains.

Voici la teneur de la formule mystique :

« Fais-moi pars, dans la vie future, du Paradis céleste et d'une vie heureuse, maro (?). »

Après s'être, sept jours durant, gardés de toute mauvaise pensée, jour et nuit, et avoir sans cesse répété cette formule, ils se présentaient aux deux Padre. Ils recevaient alors les livres sacrés de la religion du Roi du ciel, et saluaient son auguste image. On leur enseignait alors que les châtiments futurs, qu'ils avaient vus reflétés aujourd'hui dans le miroir, étaient anéantis, et qu'ils pouvaient avoir part pleinement aux bontés et aux compassions du Roi du ciel. Tous alors répétaient en chœur la formule sacrée et passaient tout ce septième jour à s'affermir dans leur foi, redisant jour et nuit les mêmes paroles.

Voilà de quels moyens se servaient les deux Padre et les deux hermanos pour abuser les simples d'esprit et les attirer à leurs mauvaises croyances. (Quand eut lieu, en 1638, l'assaut du château d'Amacousa, on entendait les assiégés répéter en chœur, dans le château, ces mots : Santa Maria, santa Maria!).

Puis, les deux hermanos qui faisaient le culte pendant tout ce septième jour, menaient ces gens dans la salle du Bouddha, où ils ne voyaient qu'or et argent en incrustations, que brocart d'or, que tentures et dais de soie brodée; où l'air était plein de parfums, où tout resplendissait. Pendant qu'ils se demandaient si même le paradis, avec ses ornements magnifiques, était bien pareil à ceci, les deux Padre revêtaient des habits de brocart, se rendaient dans cette salle, leur délivraient la formule sacrée et leur prêchaient la religion du Souverain céleste; la prédication finie, ils saluaient avec respect les deux Padre. Puis les hermanos les emmenaient et leur faisaient saluer le précieux Miroir des trois mondes. Au lieu des images qui y apparaissaient précédemment, ils voyaient celle du Roi du ciel, sous quarante-deux aspects. Ces pauvres gens, dans leur simplicité d'esprit, ne savaient plus où ils étaient; ils se croyaient au ciel, s'exclamaient, se réjouissaient, pleuraient. Les deux Padre leur disaient : « Pour le peu de fois que vous avez répété la sainte formule pendant ce septième jour, comme, votre cœur changé, vous adorez maintenant le Roi du ciel, il arrive que votre esprit est parvenu au ciel dès cette vie, et qu'il a gagné les faveurs du Souverain céleste. Combien plus, si, jusqu'à la fin de vos jours, vous vous affermissez dans la foi, et ne cessez d'adorer! Ainsi, que chacun de vous prenne la ferme résolution de ne jamais oublier les bienfaits du Roi du ciel. Quand même on vous ferait subir dans cette vie les tourments de l'eau et du feu, que vous seriez écartelés, déchirés, mis en pièces, souvenez-vous que vous échangez contre ces peines celles de l'éternité, et que vous entrerez au ciel que vous adorez maintenant. » Là-dessus, ils leur disaient d'adorer le Saint suprême, Souverain du ciel, et prenaient alors ce qu'ils appelaient la croix, *courouss*. C'était un objet d'or, dont le bout, long de deux pouces quatre lignes, semblait planté d'aiguilles comme une râpe à radis; il avait un manche d'environ deux pieds. Ils leur faisaient dépouiller leurs vêtements, et, à coups de *courouss* leur déchiraient le dos nu, jusqu'à ce que les os leur fissent mal et que le sang coulât. Ils leur faisaient teindre leurs mains dans ce sang; puis ils adoraient en joignant les mains l'image du Souverain céleste. (Cette religion suivait les rites des Barbares du sud, c'est pourquoi ils étaient différents de ceux d'après lesquels on adore le Bouddha au Japon[1]. Le fait de se réjouir des maux de cette vie s'entend de cette façon, qu'ils échangeaient contre ces maux l'éternité des peines à venir.)

Relevant alors, en le roulant, un rideau de brocart d'or, ils leur faisaient voir l'image d'une jeune femme de la plus grande beauté, tenant dans ses bras un petit enfant qui, d'après l'instruction

1) Ces expressions de Souverain céleste, Saint suprême et d'autres sont empruntées au bouddhisme. Il est probable que beaucoup de Japonais ignorants tenaient la nouvelle religion pour une secte bouddhique.

orale, était le Saint suprême, entré dans son sein. Elle avait sur la tête une couronne de pierres précieuses, et était ornée d'un vêtement de grand prix. Les deux Padre donnaient cette instruction :

« Ce grand Roi céleste a fait descendre dans notre monde sa sagesse et sa bonté [1]; la pitié qu'il ressent pour vos maux lui inspire autant de compassion et d'amour qu'en a une mère pour l'enfant qu'elle serre sur son sein et nourrit de son lait. Gardez-vous bien de toute préoccupation des choses de cette vie; fondez-vous sur les choses de l'éternité future. » Sur quoi, toute cette grande assemblée joignait ses mains teintes de sang, faisait une adoration et se retirait.

Les malades venaient toujours plus nombreux au Monastère, les uns pour s'y rétablir, d'autres aussi, trop difficiles à guérir, pour y succomber. On en compta une trentaine qui, gravement malades, et ayant éprouvé inutilement tous les remèdes, recouvrèrent encore là leur santé. Par ces moyens, le nombre des convertis ne cessait de s'accroître. Il y en eut trois en particulier, qui, par leur intelligence et leurs talents, devinrent les disciples familiers des Padre, et prirent part à la propagande parmi les ignorants.

Le premier, originaire de la province de Kaga, avait été un bonze de la secte Zén ou de la Méditation, nommé É-choun. Étant devenu lépreux, sa santé ruinée, son corps enflé et suintant le sang et le pus, il ne pouvait plus vivre avec ses confrères; ses parents, sans ressources, ne pouvaient non plus l'entretenir, de sorte qu'il avait été réduit à mendier. Il était venu à Kyôto, et les envoyés du Monastère l'avaient trouvé gisant du côté de la plaine de Maza-cadzoura. Les deux hermanos lui avaient administré force bons remèdes, et, au bout de quelques mois, son mal avait commencé à diminuer peu à peu; à la fin, il avait recouvré complètement la santé. Quelle joie fut la sienne! « Assurément, disait-il, c'est à la faveur d'une mystérieuse destinée que j'obtins de si grandes grâces du Roi du ciel. Pour prouver

____

1) Aussi une expression bouddhique.

ma reconnaissance d'être guéri soudainement d'une si grave maladie et d'être préservé de renaître parmi les hommes [1], je me ferais, s'il le fallait, écraser et réduire en poudre, mais c'est surtout en faveur de cette religion que je le ferais de tout mon cœur. » Voilà comment il était devenu croyant.

Le second était autrefois un marchand de la province d'Idzoumi, nommé le mercier Anzaémon. Il avait appartenu à une riche famille bourgeoise, avait fait faillite, et par surcroît de malheur, une maladie vénérienne avait couvert son corps d'abcès purulents. Il avait fini par disparaître de son pays et vivre de mendicité. Il couchait sous la galerie du temple Higachi-déra, dans la rue Seidaï-tôri, et vivait au jour le jour des restes du couvent.

Le troisième enfin était aussi natif de la province d'Idzoumi, un paysan nommé Zéngorô, du village de Soumi-moura, né avec un bec-de-lièvre. Lui aussi, après avoir perdu tout son bien, s'était fait mendiant. Il était étendu en même temps qu'Anzaémon, sous la galerie du Higachi-déra ; les gens du Monastère les emmenèrent, leur firent prendre un bain médicinal, leur nettoyèrent le corps, et les vêtirent de beaux habits. Ils se restaurèrent, prirent des remèdes, et avec le temps se remirent entièrement. Persuadés qu'ils avaient eu le bonheur de naître dans une époque extraordinaire et de faire une épreuve inouïe de la puissance de la religion, ils attribuaient à l'intervention mystérieuse du grand Roi céleste, le bienfait de frayer de nouveau avec les hommes, et s'étaient donnés à sa religion de toute leur âme.

Les deux Padre virent avec joie les progrès religieux de ces trois hommes fort bien doués, et remarquablement instruits. Ils donnèrent à É-choun le nom de Fabien (le bonze était rasé, comme lorsqu'il était bouddhiste) ; à Anzaémon, celui de Cosme, et à Zéngorô celui de Simon. Dans leur propagande, ils employèrent utilement ces trois hommes à faire toujours plus de conversions par les prédications ; comme ils faisaient leurs ins-

---

1) Parce qu'il pouvait maintenant faire de bonnes œuvres et s'assurer, comme rétribution, une existence supérieure.

tructions en langue japonaise, avec éloquence et talent, ils en
retiraient un avantage considérable ; le Monastère avait en leur
personne des instruments excellents. Les Padre et les hermanos
s'en réjouissaient, et les Padre leur enseignèrent en secret,
dans l'intérieur du couvent, des arts magiques ; les trois convertis s'y adonnèrent avec une persévérance infatigable. Ils prenaient un essuie-mains, et au lieu d'essuie-mains, on voyait un
cheval ; ils jetaient de la poussière en l'air, et elle devenait un
oiseau. Ils faisaient fleurir un arbre desséché, et faisaient des
perles précieuses avec une poignée de terre. Ils s'asseyaient
dans l'air, se cachaient dans la terre, faisaient apparaître tout à
coup des nuages noirs, ou tomber la pluie et la neige. Tous ces
arts étaient en leur pouvoir.

Outre ces trois-là, il y avait au monastère d'autres malheu-
reux guéris, dont ils faisaient des marchands, en leur donnant
de l'argent et de l'or ; ou des officiers du gouvernement, en leur
faisant porter les deux sabres ; ils les envoyaient de tous côtés
dans la capitale et les provinces voisines, répandre le bruit des
bienfaits immenses du Monastère. D'autre part, Nobounaga
avait ordonné que les malades incurables de toutes les provinces
se rendissent au couvent pour s'y faire du bien ; ceux-là aussi se
répandaient ensuite dans toutes les provinces voisines ou éloi-
gnées, et, pleins de reconnaissance, publiaient partout la nouvelle, de sorte que c'étaient de véritables nuées d'hommes qui se
rendaient au couvent. A tous, les Padre, les hermanos, les trois
convertis et les autres convertis qui vivaient au couvent, remet-
taient, après examen personnel, des remèdes, des habits ; en outre, à ceux qu'ils avaient laissés à la maison, père, mère, femme
et enfants, en peine de leur subsistance, ils donnaient des secours
pendant que leur parent se faisait traiter au couvent ; de pareilles
largesses accroissaient de jour en jour, le nombre de leurs adhérents. (Quelques-uns rapportent que, pendant que ces malades
étaient en traitement au Monastère, les membres de leurs
familles, y compris les petits enfants, recevaient, par jour et par
tête, un *fonn* d'or. Parmi ceux qui en étaient témoins ou
l'entendaient raconter, plus d'un en bonne santé ne se fit pas

faute de simuler de souffrir de quelque maladie pour toucher sa part d'aumônes. Mais on ne leur faisait aucun reproche; pourvu qu'ils fissent adhésion à la religion, ils recevaient de l'or et de l'argent.)

Cependant, les étrangers, ne recevant aucun don de leurs adhérents, devaient faire venir de leur patrie toutes les sommes qu'ils distribuaient si largement. Dans la suite, tous les coreligionnaires qui vivaient au Monastère reçurent comme fixe, par jour et par tête, un boisseau de riz et huit *foun* d'argent. Ils étaient inscrits sur un registre; pour la distribution, quatre écrivains, huit distributeurs, et huit hommes pour passer les portions, étaient occupés sans relâche de six heures du matin à six heures du soir. Aussi cette religion devenait-elle de jour en jour plus florissante. « Dans cette nouvelle secte, se disait-on à voix basse les uns aux autres, on est assuré de devenir un Bouddha dès cette vie et de renaître à la félicité éternelle des habitants du Paradis. » A cette époque, on vit beaucoup de Cougués[1] et de samouraïs se convertir à cette croyance.

Dans l'été de 1569, Nobounaga vint à Kyôto. On lui parla de l'état prospère de la nouvelle religion, de la foule de ses partisans; il en éprouva une vive joie. Il réunit les gens de son entourage qui s'y étaient convertis, et leur fit expliquer clairement les doctrines. Là-dessus, il fit ces réflexions : « A l'inverse de toutes les autres sectes, celle-ci ne reçoit rien de ses adhérents. Ils amènent chez eux tous les malades de la capitale et des pays voisins, leur font de grandes distributions de remèdes, et cependant, ils ne leur demandent rien en retour; bien plus, quand ces malades sont des indigents, ils portent des secours aux membres de leur famille; et la plupart des disciples reçoivent chaque jour du riz et de l'argent. Dans leurs prédications, ils disent que le roi de leur pays, par pure humanité, a résolu de secourir les habitants des pays qui ne connaissent pas la religion du Souverain céleste. Nos bouddhistes actuels se transmettent d'une génération à l'au-

---

1) Antique noblesse de cour, depuis longtemps sans influence dans les affaires du pays, et très appauvrie.

tre le revenu des aumônes du peuple. Ces étrangers, d'un côté, ne craignent qu'une chose, les peines éternelles; les bonzes, de l'autre, pensent à leur subsistance ici-bas. Voici, par exemple, tout récemment, les prêtres de la secte Iccô-chou[1] qui se sont soulevés dans le nord, et ont fait main basse sur la province de Kaga; ils sont à la veille de dévaster celle d'Etchi-zén. A Osaca, les disciples du grand prêtre Kennyo, tout en prétendant tous n'avoir d'autre préoccupation que celle des peines futures, ont fait aussi un soulèvement au péril même de leur vie, et pour sauvegarder les intérêts de leur secte. Cette religion chrétienne, au contraire, fait obtenir déjà dans cette vie de grandes faveurs; et elle promet encore la félicité future. Ce qui n'est pas moins remarquable, c'est qu'elle ne reçoit absolument rien de ses adhérents, e t fait venir de grandes sommes de son pays d'origine, pour les distribuer à tous, et convertir le peuple, qu'elle comble de bienfaits ici-bas déjà. Quel intérêt ces brigands étrangers peuvent-ils y avoir? »

Pour la première fois, Nobounaga sentit s'éveiller en lui des soupçons. Il se disait : « Si cette religion devait un jour nuire à notre pays, on dira que c'est la faute de Nobounaga, qui, par manque de clairvoyance, n'a pas su distinguer le bon côté du mauvais; mon nom en gardera une tache jusqu'à la fin des siècles. Il faudrait bien que cette secte disparût. » Méditant ces choses, il quitta Kyôto le 11 du cinquième mois, et rentra le 13 dans son château d'Atsoutchi. Il convoqua un conseil secret où Maéda Tocouzén-tun prit la parole en ces termes :

« Dès le premier moment que cette secte fut autorisée à répandre ses croyances au Japon, tous vos officiers désapprouvèrent cela. Car, chez nous, dès les temps les plus anciens, il y a eu trois religions transmises d'âge en âge, et personne n'en demandait davantage. Or, il est maintenant question de fonder une nouvelle religion, dont il est encore incertain si elle est bonne ou mauvaise; car, il n'y a actuellement personne chez nous qui

____

1) Ennemis acharnés de Nobounaga. C'est la secte appelée, depuis 1868, secte Chinn-chou. A cette époque, elle exerçait un véritable pouvoir militaire à Osaca, et dans les provinces d'Icé, de Kii, de Kaga, etc.

puisse en décider catégoriquement. Si donc la postérité devait reconnaître que nous avons commis une erreur, il serait fâcheux que votre nom fût prononcé à cette occasion. Vous avez, seigneur, jugé bon de laisser cette religion se répandre abondamment; pour cette raison, et surtout parce qu'on ne peut dire si elle est bonne ou mauvaise, imposer silence à tout le monde ne me paraît guère faisable. Quant à en prononcer la suppression, c'est une mesure dont l'exécution demanderait bien du temps. Car cette croyance a, dans les pays voisins ou distants, de nombreux adhérents prêts à sacrifier leur vie à leur foi, en particulier des daïmiôs de grande famille, leurs vassaux, d'illustres noms comme les Ôdomo Sô-rin, les Tacayama Ouconn et d'autres auxquels l'amour des désordres politiques est étranger; tout le monde le sait. Il faut donc se garder de vouloir supprimer subitement cette nouvelle religion ; qui peut dire quels bouleversements cela causerait dans notre pays? En ce moment-ci, je le dis bien haut, veillons à ce que nous délibérons de faire. »

Quand il eut fini, Iga, seigneur d'Icé, assis à côté de lui, dit à son tour : « Je suis tout à fait de l'avis de Guen-i. Si vous supprimez aujourd'hui cette secte, il en peut résulter des troubles infinis. Il voudrait mieux ordonner à toutes les sectes bouddhiques de tenir une disputation avec celle-ci. Si les bonzes ne gagnent pas, et que cette nouvelle secte se trouve être une bonne religion, vous vous bornerez à suivre des yeux ses destinées. Si elle est défaite, comme on n'aura plus d'hésitation sur ce qu'elle vaut, on pourra prononcer sa suppression immédiate sans qu'aucune révolte se produise. »

Nobounaga fut de cet avis. Il envoya des ordres aux prêtres de toutes les sectes, ainsi qu'au Monastère, et fixa le jour du colloque. Comme il s'agissait d'une dispute importante, on vit arriver à Atsoutchi l'Ancien du couvent Nanzen-ji[1], Ri-dô, prêtre distingué habitant au temple Chôké-Inn; le maître Chinkaï, de

1) Fondé vers 1290 dans la province de Yamachiro, par le prêtre Fou-mon, qui avait étudié en Chine les doctrines abstruses de la secte Zén ou de la Méditation. En 1386, un décret du Chôgoun distingua par un titre les « Cinq grands temples » du Japon, et attribua la primauté au Nanzén-ji. Pendant les troubles

la Salle Eï-kwan-dô, et des savants de toutes les autres sectes.
Le théologien du couvent des Étrangers était un savant venu de
leur patrie en qualité de « gardien », comme ils disaient[1] ; il
était professeur au couvent et se nommait Fouroucôm ; avec lui
des Padre et des hermanos. Pendant l'année d'après son débar-
quement à Nagazaki, ce Fouroucôm avait lu trois fois soigneu-
sement tout le canon bouddhique et en connaissait parfaitement
toutes les doctrines ; il savait de mémoire la substance des
théories de toutes les sectes. Il avait les cheveux gris, et, au
sommet de la tête, une tonsure en forme de coupe renversée.
Ses yeux étaient si ronds qu'on eût dit qu'il portait des lunettes ;
ils avaient au dedans une couleur dorée. Il semblait qu'on lui
eût appliqué sur le nez la corne détachée de la coquille d'un
murex. Le visage rappelait la tête d'un cheval ; la bouche large
avait bien cinq pouces ; les dents étaient comme celles d'un cheval. Il allait à cheval debout sur les étriers. Il faisait jaillir du
feu de ses ongles et absorbait en quantité de la poudre de feuilles.
Quelquefois, voyant des oiseaux perchés sur un arbre, il pressait
le pas de son cheval sans que les oiseaux bougeassent ; à la fin,
il rompait les branches de l'arbre et les oiseaux restaient immo-
biles, comme s'ils avaient été attachés à l'arbre de tout temps. Il
possédait encore bien d'autres arts magiques, suffisants pour
effrayer ceux qui en étaient témoins.

Les deux partis arrivés à Atsoutchi, on fixa un jour, auquel
les prêtres de toutes les sectes prirent place dans l'ordre, ainsi
que les savants du couvent des Étrangers, qui avaient désigné
Fouroucôm pour être leur disputateur. Vêtu d'un habit de soie
pourpre, portant à la ceinture un sabre de deux pieds de long, il
s'avança vers les bonzes et, se tenant en face de l'Ancien du
Nanzen-ji, il lui demanda :

« Qu'est-ce que le bouddhisme ? »

L'Ancien répondit : « En tant qu'homme, un Bouddha[2]. »

perpétuels du xvᵉ et du xviᵉ siècle, ces temples furent à peu près le seul asile
des lettres.

1) Je suppose qu'il s'agit du *visiteur* Valegnan. Voir l'Appendice C.

2) Une des grandes formules du bouddhisme ; plus particulièrement de la

Fouroucôm demanda de nouveau : « Quel est le sens caché de ces mots : En tant qu'homme, un Bouddha? »

L'Ancien répondit, comme la première fois : « En tant qu'homme, un Bouddha. »

Là-dessus, Fouroucôm se lève, empoigne l'Ancien à la poitrine, tire son sabre, en dirige la pointe sur la poitrine du bonze et ne cesse de répéter sa question : « Quel est le sens caché de ces mots : En tant qu'homme, un Bouddha? »

L'Ancien, immobile, les yeux fermés, ne parlait pas. Ridô, prêtre du monastère de Chôké-Inn, incapable de supporter ce spectacle, allait s'avancer contre l'Étranger ; mais les disciples de l'Ancien le retinrent en disant : « Ne faites pas de désordre ; nous n'avons pas encore vu la fin de tout ceci ; attendez un peu. » Bientôt l'Ancien ouvrit les yeux et poussa un soupir. Fouroucôm, fermant les yeux à son tour, perdit soudain connaissance ; et tous les bonzes de railler leurs adversaires, en se disant les uns aux autres : « La mauvaise religion ne peut tenir contre la bonne ; cette nouvelle religion est une mauvaise religion. » Ceux du couvent des Étrangers commencèrent à se fâcher, protestant que la discussion n'était pas achevée, qu'on ne pouvait encore dire qui avait remporté l'avantage, et ils faisaient mine d'en venir à une mêlée. Nobounaga réprima énergiquement ce désordre, et dit : « La dispute n'a donné aucun résultat certain quant à la valeur de l'une et de l'autre religion, comment voulez-vous décider de leur supériorité par des violences? » Et comme il déclara qu'il tiendrait pour battu le parti qui enfreindrait la paix, le tumulte s'apaisa aussitôt.

A ce moment, on vint lui annoncer qu'Araki Mourachigné, seigneur de la province de Séttsou, venait de joindre ses armes à celles de Môri des provinces du centre. Il dit : « Voici une affaire urgente. La dispute n'a pas décidé de la supériorité de l'une

secte idéaliste Zén. Pour celui qui arrive à l'éclairement, à la vraie connaissance, toute distinction des conditions ou modes, c'est-à-dire des choses, disparaît tout est identique à tout, le paradis à l'enfer, un homme à un Bouddha. Toute chose, telle qu'elle est, renferme la virtualité d'un Bouddha et même elle est un Bouddha.

des deux religions ; je vous convoquerai de nouveau ; que chacun retourne dans son couvent. » Et ainsi la dispute n'ayant donné aucun résultat, la sentence de suppression du couvent des Étrangers fut ajournée.

Le onzième mois de 1578, Tacayama Ouconn[1] se révolta contre Nobounaga et se joignit à ses ennemis. Nobounaga manda le Padre Ouroucan et lui fit dire par Sougué-no Ya Cou-émon : « Vous savez que votre nouvelle religion du Souverain céleste doit sa grande extension aux ordonnances par lesquelles je l'ai favorisée. Ses adhérents sont donc tenus de me servir au péril de leur vie, et voici pourtant que Tacayama, qui passe pour un des plus fervents, me désobéit et se joint à mes ennemis. A l'origine des choses, le Souverain céleste établit la droiture de cœur pour fondement de la religion ; mais ce Tacayama, en se joignant au rebelle Mourachigué, n'agit pas avec droiture. Faites qu'il répare sur-le-champ cet acte de déloyauté et revienne à moi. Sinon, je n'hésiterai pas un instant à anéantir jusqu'aux derniers vestiges votre nouvelle secte. » Sur ces paroles, dites avec une grande irritation, Ouroucan rentra au couvent très effrayé, et bientôt, par ses exhortations, Tacayama revint au parti de Nobounaga.

Pour toutes ces raisons, Nobounaga n'en arriva pas à supprimer une bonne fois la nouvelle religion. Les deux Padre noircissaient dans son esprit toutes les sectes bouddhiques et détruisaient l'influence de leurs rivaux. Tant qu'il vécut, ils répandirent leurs croyances en toute liberté.

En 1582, le 2e jour du sixième mois, Nobounaga et son fils, surpris à Kyôto par Akétchi Mitsouhidé[2], durent se donner la mort. Peu de jours après, Hidé-yochi arrivait à Kyôto, repoussait Mitsouhidé, battait Chibata et prenait en mains le pouvoir su-

---

1) C'est celui que les relations des missionnaires appellent Oucoudono. *Dono* équivaut à : seigneur.

2) Un des principaux lieutenants de Nobounaga, qui, paraît-il, préparait sa trahison depuis longtemps. Il en fut bientôt puni ; fuyant devant Hidé-yochi, il fut massacré par des voleurs, en rase campagne, le douzième jour après son coup de main.

prême. Pendant environ dix-huit ans, de 1568 à 1585, la nouvelle religion n'avait fait que prospérer. Mais en cette année 1585, Hidé-yochi l'abolit soudainement. Voici pour quelle raison.

(En cette année, il bâtit le château d'Osaca, fut investi des fonctions de régent de l'empire, et défit le parti des Sasa dans le Hocou-étsou.)

Hidé-yochi avait dans son entourage un certain Naca-i Chouri-daïou. Cet individu, qui avait commencé par être un artisan nommé Nacaï Hampéï, avait aidé Hidé-yochi dans toutes ses constructions, à commencer par celle du château d'Osaca, et le servait avec la plus grande assiduité, ne le quittant ni jour ni nuit. Sa demeure privée était au pied du château de Yodo, en ville; il y logeait sa mère; pour lui, étant, selon son expression, le premier des artisans du monde, il demeurait parmi les gens de son métier, à manier le pouvoir.

Aussi longtemps que vécut Nobounaga, sous son patronage puissant, les Padre et les hermanos avaient propagé leur religion en toute liberté. Maintenant, Hidé-yochi était au pouvoir; un mot de lui suffisait à empêcher que personne ne bougeât dans l'empire. « Il faudrait bien, dirent-ils, pouvoir entrer dans ses bonnes grâces, pour avoir toute liberté de faire de la propagande. » Ils combinaient toute espèce de plans.

Apprenant que ce Chouri-daïou servait Hidé-yochi avec une telle assiduité qu'il ne le quittait ni jour ni nuit, ils se dirent : Il faut, par tous les moyens, l'attirer à nous, afin d'avoir par lui accès auprès de Hidé-yochi. Le résultat de leurs combinaisons fut qu'un soir, Fabien, revenant de Nagasaki, fit en sorte de se trouver au coucher du soleil à Yodo, en passant par le bac de Makicata. Il fit arrêter sa chaise à porteurs devant la maison de celui qui gardait la famille de Chouri-daïou en son absence et envoya dire « qu'il était un bonze d'un couvent de Kyôto; qu'il avait eu des affaires à Sacaï, dans la province d'Idzoumi, et qu'il en revenait justement; que, par le temps qui courait, on ne prenait aucune mesure contre les voleurs de grand chemin et qu'il était hasardeux de voyager de nuit; qu'il se permettait de leur demander la faveur de faire halte ici cette nuit ». La mère de Chouri-daïou répondit : « Seigneur, c'est la demeure du gardien ; mais puisque vous êtes un religieux, veuillez vous y installer. » Elle pria Fabien d'entrer (il y avait deux prêtres, un porte-ombrelle, un porte-coffre, un porte-sandales, quatre porteurs de chaise, deux pages, en tout une douzaine de personnes). Fabien était vêtu de beaux habits, et portait des parfums qui embaumaient l'air autour de lui. « A cette époque de troubles, dit-il, faire encore 3 lieues de nuit jusqu'à Kyôto est gênant et pénible, et je vous suis fort reconnaissant pour la faveur que vous me faites », et après avoir remercié, comme il est d'usage, pour le logis où il s'installait, il y passa la nuit. Le lendemain matin, la mère de Chouri-daïou dit à ses gens que, sans savoir encore quelle était la croyance du vénérable prêtre, s'il venait à s'informer de l'autel du Bouddha, on eût soin de tenir propre l'oratoire. Mais l'hôte ne s'en inquiéta pas le moins du monde. Lui et sa troupe, après avoir été régalés par la mère de Chouri, lui exprimèrent, comme il est d'usage, leurs regrets de l'avoir dérangée, et s'en allèrent.

Elle fit diverses réflexions et dit à ses gens : « Ce religieux, que nous avons reçu chez nous, a un costume de toute beauté, habit blanc, crêpe rouge, des étoffes brunes, un col de velours ; c'est toute autre chose que la mise habituelle d'un bonze. Et surtout, il n'a pas demandé une seule fois où était notre Bouddha domestique. Ce sera sans doute un de ces religieux du Couvent des Étrangers. »

Quatre ou cinq jours plus tard, un domestique se trouva à la porte, tenant une grande boîte, et se présenta comme messager de Fabien, avec lequel il avait logé ici. Il offrit, sur un plateau, une livre d'aloès, cinq rouleaux de satin, autant de crêpe, et fit de nouveaux remerciements pour l'hospitalité qu'on leur avait accordée. La mère de Chouri s'émerveilla de ces présents, dont la valeur la mettait dans un grand embarras, si bien qu'elle voulait les refuser ; mais le messager les posa là et s'en retourna. Dans la suite encore, c'étaient tantôt des étoffes de soie, tantôt de la soie en écheveaux, etc., qu'on venait apporter, sans admettre qu'on les refusât.

Longtemps après, un soir qu'il pleuvait, Fabien, prétendant de nouveau revenir de Sacaï, fit halte une nuit chez la vieille mère de Chouri. Elle vint au devant de lui, le pria d'entrer, et lui fit force compliments au sujet des cadeaux. Lui, de son côté, engagea une conversation qui dura toute la nuit. Il parla ainsi : « Selon le bouddhisme actuel, Chaka, Mida, tout en étant appelés des Bouddhas, ne diffèrent en rien, par leur nature, des hommes ordinaires ; pour cette raison, dans cet âge de décadence religieuse, le bouddhisme tombe en ruines, et la morale disparaît d'elle-même. Par le moyen du bouddhisme actuel, il est absolument impossible de devenir un Bouddha. Mais le bouddhisme du Souverain céleste enseigne que ce Souverain est un Bouddha apparu dès les premiers temps du chaos, et qui, aujourd'hui encore, ne formant qu'une substance avec le soleil et la lune, n'a souffert de changement, depuis les origines du ciel et de la terre, ni en ce qui concerne la puissance de sa religion, ni en ce qui concerne son influence bienfaisante sur les mœurs. J'ignore quelle est la croyance de Votre Seigneurie, mais je vous conseille, si vous désirez renaître un Bouddha dans la vie future, de vous hâter de vous convertir à la religion du Couvent des Étrangers. » C'est ainsi qu'il prêchait la vieille dame, avec toute l'éloquence dont il était capable. Mais elle, ferme adhérente de la secte Némboutsou, ne se laissa pas entamer et lui répondit : « Je vous suis infiniment reconnaissante pour votre belle prédication. Mais nous appartenons, depuis de longues générations, à la secte Némboutsou ; et quoi qu'il y ait aujourd'hui toute espèce de croyances, nous ne prêtons l'oreille à aucune autre que celle-là, et mettons toute notre confiance dans le vœu fait par Amida de sauver tous les êtres ; nous espérons dès cette vie obtenir le salut et devenir des Bouddhas, et ne demandons rien d'autre que notre religion bouddhique. Ainsi, si reconnaissante que je vous sois pour votre enseignement, il m'est impossible de cesser de participer au vœu qu'a fait Amida. »

Elle refusait donc de se laisser gagner par Fabien ; mais celui-ci, qui avait ses projets, revint à la charge en disant : « Tout homme a, de nature, une notion claire et sûre de la vie future ;

c'est pourquoi, il n'y a pas besoin de vous la prêcher malgré vous; mais puisque je jouis aujourd'hui de votre accueil si courtois, par l'effet secret de mes actions passées, je ne puis pas m'empêcher, quoi que j'en aie, de revenir sur ce sujet. Parlons du bouddhisme actuel. Considérez, je vous prie, les vertus soit du Bouddha auquel vous accordez toute votre confiance, soit de ceux des autres sectes. Dans tous les livres sacrés qui traitent de Chaka, vous trouverez que ces Bouddhas ont manifesté dans ce monde des pouvoirs surnaturels, miraculeux[1]. Donc, même si ces Bouddhas ne demeurent plus parmi nous, il faudrait, si les vertus de leur religion ne sont pas amoindries, que ces pouvoirs surnaturels s'exercent encore par la force des pratiques religieuses. Néanmoins, la preuve est là que les pouvoirs sont éteints, dans n'importe quelle secte; car les prêtres ont beau discourir continuellement du bouddhisme, ils sont incapables de manifester aux yeux de tous ces pouvoirs miraculeux. D'autre part, dans notre religion du Souverain céleste, on enseigne un Bouddha apparu à l'origine du ciel et de la terre, et dont les pouvoirs demeurent les mêmes à travers l'infinité des âges et sont venus jusqu'à nous, car, par les vertus de cette religion, il n'y a aucun pouvoir surhumain que nous ne puissions acquérir. Nos convertis sacrifient leur vie, s'il le faut, à leur foi au Souverain céleste. Voyez comment le Couvent des Étrangers s'est accru! C'étaient tous des adhérents de la secte Némboutsou, comme vous, ou d'autres sectes; mais, une fois venus à nous, ils ne veulent plus connaître d'autres sectes. L'or et le laiton sont pareils, à première vue; mais il suffit d'en briser un morceau pour voir la différence[2]. Pensez-y bien, si vous souhaitez d'habiter le paradis, dans la vie future ! »

Ainsi parla Fabien avec chaleur. Mais la vieille dame, qui croyait de tout son cœur à ce qu'enseigne la secte Némboutsou, n'était

____

1) En particulier, le *jizaï*, litt. : « être par soi-même », c'est-à-dire l'indépendance. Ici, il s'agit de l'indépendance des lois de la matière. (Sansc. *svayambhû*.)

2) Antithèse de l'expression bouddhique : toutes les sectes sont comme des baguettes d'or. Brisez l'une ou l'autre, c'est toujours de l'or.

pas du tout disposée à se laisser convaincre ; cependant, elle prit sur elle de lui répondre : « Je crois à Némboutsou et ne demande rien de plus ; mais puisque vous avez la bonté de m'entretenir de ces choses de religion, envoyez-nous, je vous prie, l'un ou l'autre de ceux qui demeurent au Couvent avec vous ; nous inviterons aussi un prêtre bouddhiste, et je les entendrai volontiers discuter sur la religion et décider de cette question. Mais une femme ignorante comme moi n'est pas à la hauteur de ces choses. »

Fabien tomba d'accord de cet arrangement et promit de venir, exactement comme la vieille dame l'avait proposé, à la réunion et d'y décider clairement la supériorité de sa religion ; et qu'il la guiderait alors elle-même dans la sainte voie. Là-dessus, il fit ses compliments et rentra au Couvent.

La vieille dame, pressée par Fabien et embarrassée de lui répondre, s'était, sans savoir bien comment, engagée à arranger une dispute religieuse ; elle s'était ainsi débarrassée de Fabien ; mais en pensant à ce qu'elle avait promis, elle se dit : « Je ne suis qu'un personnage obscur et je veux inviter des prêtres illustres à une solennelle dispute religieuse — cette dispute fera grand bruit, ce qui me gêne beaucoup. Nous aurons beau tenir la chose secrète, si la nouvelle s'en répand d'avance, et que l'on s'attroupe chez moi, comment pourrai-je les renvoyer? Et s'il se passait quelque incident imprévu, ce serait un véritable malheur pour mon fils. Non ! je vais tout simplement chercher un laïque, versé dans les livres sacrés, et je prierai Fabien de discuter avec lui. » Elle s'enquit dans la capitale et aux alentours, et finit par trouver, dans la Grand'Rue du Quatrième quartier, près du champ d'équitation des Saules, un vieillard qui vivait dans la retraite, et se nommait le vieillard Kachiwa (Chêne). Il avait été autrefois moine au monastère méridional du mont Eï-zan. Des douleurs à la tête l'empêchant de continuer à se raser, il avait laissé croître de nouveau ses cheveux, et vivait dès lors en laïque retiré.

Il fut donc invité, ainsi que Fabien, à Yodo ; il ne tarda pas à arriver. C'était en 1584, le 12 du neuvième mois. Fabien avait revêtu, sur un dessous de crêpe cramoisi, une étoffe de soie de Corée, un habit gris, et portait sur la tête un bonnet de laine bleu. Le vieillard Kachiwa entra dans la pièce où il se trouvait et se présenta à lui. Le serviteur de Fabien plaça à droite de la natte de son maître un coffre laqué, à dessins d'or sur fond noir, avec ferrures d'or et d'argent.

Alors le vieillard Kachiwa commença ainsi :

« Quel Bouddha la secte du Souverain céleste adore-t-elle ? »

Fabien ouvrit le coffret et en tira le livre sacré de la secte du Paradis (Djôdo), c'est-à-dire le Lotus de la Vraie religion, en huit livres[1]. Il les posa sur le couvercle du coffret, et, se mettant à genoux, répondit en ces termes : « La divinité[2] qu'adore notre secte, est un esprit qui est apparu au commencement de la création ; nous le révérons sous le nom de Tathâgata-Souverain céleste. Il n'y a d'autre Bouddha que celui-là dans l'univers entier. Il est apparu dans ce monde dès l'origine du chaos, et c'est par un effet de sa sagesse et de sa bonté qu'il a fait, au ciel, le soleil, la lune et tous les astres qui y brillent ; sur la terre, les montagnes, les mers, les plantes, les arbres, les oiseaux et les bêtes. Alors, le cœur des hommes était droit, de sorte qu'ils obtenaient la récompense du ciel sans même avoir besoin de désirer être agréables au Bouddha. Mais plus tard, la concupiscence surgit soudain en eux ; ils eurent toute sorte de désirs, et ne méritèrent plus d'obtenir les rétributions célestes, et, tournèrent dès lors dans le cercle vain des existences. C'est pourquoi le Tathâgata-Souverain céleste eut pitié de leurs souffrances et leur apprit à répéter ces mots : Donne-nous de renaître dans le Paradis céleste, d'avoir une heureuse existence, maro. Celui qui répète cette formule gagne la faveur du Souverain céleste, et obtient comme rétribution de renaître au ciel. Au Japon, vous avez eu la religion des Camis, mais jamais de Bouddha. Ceux que vous appelez dieux ne sont que des hommes de l'Inde. Mida était un homme, appelé le bhikchou Dharmakoça ; Chaka était aussi un homme, nommé Siddha. Tous deux ont vécu sur cette terre bien longtemps après la création du monde. Au Japon, vous avez eu

---

1) Traduit par Burnouf sous le titre du *Lotus de la Bonne loi.*

2) Fabien emploie, ou l'auteur lui fait employer, une expression bouddhique : le Saint suprême. De même, celles de Tathâgata, de rétribution, etc.

Tén-chô-daïjin, déesse du soleil[1]; Hatchiman, dieu de la guerre; Temman Tenjin; tous des hommes, connus comme tels de la façon la plus évidente par les autres hommes. Qui osera soutenir qu'ils peuvent, avec leur sagesse et leur bonté tout humaines, secourir les autres hommes? — La religion de Chaka est fondée sur la la mendicité; ses religieux vivent des aumônes des gens compatissants; et l'on déclare que ceux qui font ces aumônes en retirent des mérites qui leur font gagner la nature de Bouddha. S'il en est ainsi, les pauvres, les mendiants, qui n'ont rien à donner, sont donc privés éternellement d'obtenir ce fruit des œuvres? — Dans les 42 provinces de notre pays du sud on adore le Souverain céleste; pour cette raison, on n'y voit aucun mendiant affamé, aucun malade accablé de souffrances. L'origine de notre pays remonte aussi haut que les montagnes et les mers; c'est pourquoi, il n'y surgit pas de désirs déréglés; par conséquent, on n'y commet pas de mauvaises œuvres; par conséquent, pas de rétribution douloureuse; par conséquent, dès cette vie, on y jouit des rétributions célestes; c'est ce qu'on appelle « en tant qu'homme, un Bouddha », c'est-à-dire dès cette vie et en tant qu'êtres humains, devenir des Bouddhas. Chaka, Mida sont des hommes comme les autres, sans pouvoirs surnaturels; voyez-en plutôt la preuve, » et; prenant les livres sacrés posés à côté de lui, il les déchira, et foula aux pieds leurs débris épars. Puis il reprit : « Ne pouvant pas secourir les hommes, ils ne peuvent pas non plus leur infliger des châtiments. Vieillard Kachiwa, veuillez seulement prêter l'oreille à l'exposé de notre religion; vous ne tarderez pas à adorer, vous aussi, le Souverain céleste, pour gagner ensuite la rétribution du ciel. »

Voilà le langage insultant qu'il tenait. Le vieillard Kachiwa avait lancé au commencement une ou deux réponses. Ensuite, il écouta dans le plus profond silence. Quand son adversaire commença à calmer l'ardeur de ses critiques, le vieillard Kachiwa s'arrangea de nouveau sur sa natte et demanda : « Avez-vous fini? » — Fabien répondit : « La matière est bien loin d'être puisée; mais voilà au moins ce que j'avais à dire cette fois-ci. »

1) Autrement dit *A-ma-térass'*.

— Le vieillard Kachiwa reprit : « Pour le reproche injurieux que vous faites à nos prêtres de recevoir l'aumône, il suffira de dire que c'est une institution qui nous vient du Bouddha lui-même. Venons-en à votre Souverain céleste. C'est, selon vous, un antique Bouddha, de l'époque de la création des choses; il apparut au temps où le monde s'organisait, et créa le soleil, la lune, les hommes, les oiseaux, les bêtes, tout enfin. Ému de pitié à la vue des mauvaises œuvres et de la concupiscence dont les derniers âges sont remplis, il s'est imposé de grandes peines et beaucoup de souffrances pour inventer une formule mystique, et il porte secours à tous ceux qui la répètent fréquemment. Votre religion est-elle composée de ces doctrines arrêtées, oui ou non? » — Fabien répondit : « Sans aucun doute. »

Le vieillard Kachiwa reprit alors : « Il y a, dans ce que vous dites là, des choses peu claires. Veuillez maintenant écouter ce que j'ai à dire, corriger mes raisonnements et me faire une réponse qui éclaircisse mes doutes. Je dis donc que, dans ce monde, tout ustensile fait de main d'homme a un emploi déterminé; rien n'est fabriqué inutilement. Alors, dans quel but le Souverain céleste apparu dans ce monde a-t-il créé l'humanité avec ses mauvaises œuvres et ses désirs charnels? Ensuite, qu'est-ce que cette formule sacrée inventée au prix de tant de peines et de souffrances? Y en avait-il besoin, s'il n'avait pas créé les hommes? — Vous dites : « Chaka, Amida, ne sont que « des hommes ; c'est pourquoi les pouvoirs surhumains des Boud- « dhas ont disparu, et j'ai beau fouler aux pieds leurs livres « sacrés, aucun châtiment ne m'atteindra. Au contraire, le Tathâ- « gata-Souverain céleste est un Bouddha apparu à l'origine même « du chaos ; aussi, sa puissance divine ne souffre-t-elle aucune « diminution à travers les âges. » — S'il en est ainsi, pourquoi les hommes des temps récents ne sont-ils pas, grâce à ce pouvoir surnaturel, aussi droits de cœur que ceux qui vivaient au commencement du monde? Pourquoi, au lieu de gagner la rétribution du ciel, font-ils de mauvaises œuvres? La puissance divine [1] de

---

1) Le japonais dit naturellement toujours : la puissance bouddhique.

ce Tathâgata a donc aussi disparu? C'est donc une fausseté de
dire que son pouvoir est inaltérable à toujours; c'est un raisonnement qui ne se soutient pas. Qu'avez-vous à dire à cela? »

Fabien n'aurait su répliquer un seul mot; il tenait la tête
basse et ne desserrait pas les dents. Cependant le vieillard Kachiwa le pressait : « Eh bien, Fabien, qu'avez-vous à répondre? »
— Il ne disait rien. Alors le vieillard lui tint une seconde fois,
mot pour mot, le discours d'avant, en insistant sur chaque point.
Fabien n'y pouvant plus tenir, et incapable de discuter plus
longtemps de religion, se leva en s'écriant : « Vous êtes un sot!
Vous n'y entendez rien! Autant discuter avec des femmes! Quel
raisonnement pourriez-vous comprendre? Quelle pitié! que c'est
triste! les êtres, abandonnés du destin, ne sont pas susceptibles
d'être sauvés. » — Et il voulait s'en aller. Le vieillard Kachiwa
le retint par le bord de son habit : « Êtres abandonnés du destin,
dites-vous? C'est une expression des prédications de Chaca.
Fabien, vous vous appropriez donc les textes sacrés de Chaca? »
Et il saisit son éventail et en frappa Fabien sur la tête, à coups
redoublés. Fabien ne disait toujours rien, mais on l'entendait
gronder. A la fin, dégageant son habit par une secousse, il
quitta sa place insensiblement et disparut. Toute l'assemblée
partit d'un éclat de rire. La vieille dame surtout était contente,
et fit tous ses remerciements au vieillard Kachiwa, qui répondit :
« Je pensais que cet individu parlerait d'après les textes sacrés, et
qu'il faudrait lui répondre de même; mais une discussion comme
celle d'aujourd'hui, où Fabien a voulu prêcher indépendamment
des textes sacrés, est bien aisée; il ne vaut pas la peine de s'en
faire du souci. Voilà au fond à quoi se réduit la controverse de
cette nouvelle religion. C'est donc une secte bien curieuse, qui se
fait des conversions uniquement au moyen de largesses d'argent
et d'objets de prix. » — Sur quoi, il fit ses adieux et se retira.

Cependant Nacaï Chouri-daïou, ayant obtenu un congé de
Hidé-yochi, était venu à sa maison. Dès qu'il vit sa mère, il apprit d'elle toute cette histoire de Fabien. Voilà certes une histoire bonne à savoir, pensa-t-il, tout en la lui faisant raconter; et
il se rendit auprès de son maître et lui rapporta exactement toute

cette plaisante affaire, dont Hidé-yochi voulut savoir tous les détails. Ce grand général, avec son esprit prompt, son regard perçant, discerna vite de quoi il s'agissait, et dit : « Nobounaga a été le protecteur en titre de cette secte. Après sa mort survenue par un coup inopiné et fatal, c'est moi qui pris le pouvoir. Ces gens-là, tout en continuant leur propagande, se méfient de mes intentions et veulent gagner ma faveur. Sachant que vous êtes l'un de mes familiers, ils ont tenté d'abord votre mère, en lui faisant des cadeaux de prix, pour arriver peu à peu à vous gagner aussi. Par votre canal, ils comptaient s'insinuer dans mes bonnes grâces. Tout cela est hors de doute. Il est vrai que toutes les prédications bouddhiques me sont indifférentes. Mais au moins c'est pour des motifs de morale que les gens y croient et en suivent les pratiques ; tandis que le procédé extraordinaire de ces étrangers consiste à faire des convertis par intérêt en leur faisant des largesses. Quand on songe à la combinaison, par laquelle ils espéraient se mettre bien auprès de votre mère, on a des raisons d'être alarmé. Personne ne peut dire quels maux ils nous causeront encore. En particulier, il m'est revenu que quelques-uns des daïmiòs commencent à partager cette croyance. Si nous ne traitons pas cette affaire avec toute la vigilance qu'elle mérite, il sera inutile de vouloir interdire cette religion lorsqu'un grand nombre de familles riches et illustres y auront fait adhésion ; ce sera trop tard ; autant alors essayer, comme on dit, d'arracher la racine d'entre ses deux premières feuilles. Il faut abolir immédiatement le Couvent des Étrangers.

Il donna ordre à deux de ses officiers, Masouda Ouémon-no djô et Nagatsouca Ôcoura-daïou de saisir tous les individus venus du pays du sud, sans toucher à la vie d'aucun et de faire également prisonniers tous les prosélytes qui se trouvaient dans l'enceinte du couvent, jusqu'au dernier homme ; et il leur donna une troupe de trois mille cavaliers pour leur prêter main-forte. Au couvent, on avait été averti secrètement par des coreligionnaires, Ichida Djibou Chô-no Souké, Konichi, seigneur de Séttsou, Tacayama Ouconn, etc. ; l'alarme fut grande. Fabien, Cosme et Simon, sans attendre que tous les chemins fussent remplis de soldats et la fuite impossible, sans penser même à rien emporter s'enfuirent, le premier à Kiouchou, le second dans la province de Tôtômi, où il avait des connaissances; le troisième se cacha dans la province d'Etchizén. Les deux Padre et les deux hermanos ne savaient que devenir. Ils n'étaient pas revenus de leur trouble, que les deux officiers fondaient sur le couvent et le cernaient. Tous les gens du couvent furent liés et amenés devant Hidéyochi. Celui-ci donna le décret que voici :

« Autrefois, les Hôdjô étant régents à Camacoura, pour avoir châtié par la mort des étrangers, on suscita une grave affaire à notre pays[1]. Ces gens n'étant pas des habitants du Japon, nous ne voulons pas examiner leur délit du point de vue des lois japonaises. Ils seront envoyés à Nagasaki et embarqués sur un navire hollandais. S'ils remettent les pieds au Japon, ils seront décapités. Qu'ils aillent faire part de ceci dans leur patrie ».

Ceci fut le point de départ de l'abolition du christianisme; au bout d'environ dix-huit ans, de l'an 1568 (sous Nobounaga) à l'an 1585 (sous Hidé-yochi), l'immigration des Étrangers du sud prit fin.

Quatre ans plus tard, Cosme revint du Tôtômi dans l'Idzoumi et vécut obscurément à Sacaï, dans un endroit nommé Naca-no Hama (Plage du Milieu); il avait pris le nom d'Itchibachi Chô-no Souké. Il exerçait la chirurgie. Simon retourna également, au bout de ce temps-là, à Sacaï et s'y fixa dans la Vallée orientale, et se nomma dès lors Chimada Seï-an; il se voua à l'art du médecin. En 1588, comme Hidé-yochi résidait au château de Fouchimi, le 14 du neuvième mois, deux hommes de Sacaï, dont l'un était Mouné-yochi, du magasin Tennôji-ya, et l'autre, Abouraya (marchand d'huiles) Masa-yochi, lui firent visite, et tout en parlant de choses et d'autres, lui dirent : « Dernièrement, un cer-

---

1) Dans la seconde moitié du xiiiᵉ siècle, les Japonais eurent beaucoup à craindre pour leur indépendance de la part des Mongols, qui, avant d'attaquer leur pays, envoyèrent à plusieurs reprises des ambassadeurs à Hôdjô Tokimouné, premier ministre du Chôgoun, et, de fait, régent de l'empire, à Camacoura. Il laissa les uns sans réponse, et fit décapiter les autres en deux occasions, en 1276 et en 1280, ce qui, naturellement, indigna les Mongols et hâta leurs expéditions.

tain Itchibachi Chônosouké, chirurgien, et Chimada Seï-an, un médecin, sont venus s'établir à Sacaï. Il paraît qu'ils pratiquent la magie d'une façon extraordinaire. Dans un grand bassin rempli d'eau jusqu'au bord, ils mettent flotter une feuille de papier découpée en forme de fleur; elle se change soudain en un poisson qu'on voit se promener dans l'eau. Ou bien, tirant de leur sein un cordon, ils en mettent un bout dans leur bouche, soufflent, le font devenir gros comme une corde, et le lancent alors par la salle, où il prend l'aspect d'un grand serpent. Ils mettent du grain sur un plateau, le saupoudrent de sable, et l'on voit remuer quelque chose comme de petites fourmis qui grandissent peu à peu et deviennent des fleurs épanouies et accompagnées de leurs fruits. Ils prennent un œuf de poule dans leur main fermée; quand ils l'ouvrent, le poussin a brisé sa coquille, et dans le moment que vous le regardez, c'est déjà une poule qui fait entendre son cri. Ou bien, si vous exprimez le désir de voir, assis dans votre chambre, le mont Fouji dans votre jardin, ils ferment un moment les panneaux de la chambre de tous côtés, sortent, et tout à coup écartent les cloisons, et voilà devant vo-yeux, dans votre jardin, le Fouji-yama; tout le monde s'émer-veille et se récrie sur ce prodige. Ils ferment de nouveau la cloi-son pendant un moment, et quand ils la rouvrent, étalent à vos yeux les huit sites célèbres du lac Biwa, ou les plages de Sacaï, de Souma, d'Acachi. » Tous les auditeurs nobles ou samouraïs furent stupéfaits et se demandèrent quelle espèce d'êtres surna-turels étaient ces gens-là. Hidé-yochi ne prenait pas si facilement son parti de ces arts surnaturels et il demanda : « Je n'ai encore jamais vu de fantômes. Pourraient-ils aussi m'en montrer? » Ils répondirent qu'ils les lui feraient voir le soir, au crépuscule, et se retirèrent.

A l'heure dite, on fit venir les deux individus. Ils prièrent d'abord l'assistance d'éteindre toutes les lumières; puis ils ouvri-rent les panneaux, et l'on vit, dans le jardin, le paysage classique éclairé par la lune du dix-sept du neuvième mois; rien n'y man-quait, ni la clarté mystérieuse, ni le vent rageur, la pluie torren-tielle, les lueurs tremblotantes sur les feuilles des arbres et des

plantes, l'air froid. Du milieu des arbres sort une apparition
étrange : c'est une jeune femme en vêtements blancs, les cheveux
en désordre, toute l'apparence d'une personne qui éprouve de
vives souffrances; elle demeure immobile dans le jardin. Les
grandes dames et les seigneurs réunis dans la salle s'écrient :
Assez! ceci n'est plus un divertissement! Cependant l'apparition
se rapproche, et lorsqu'elle est près de la vérandah, Hidé-yochi,
en la regardant mieux, reconnaît Chrysanthème, la maîtresse
qu'il avait eue autrefois, à l'époque où il se nommait encore
Kinochita Tôkitchi. Après qu'il se fut élevé aux grandeurs, elle
vint lui demander du service dans le palais impérial. Elle y avait
déjà servi précédemment et en avait été chassée avec des injures;
on ne voulut pas la reprendre. Elle s'était alors emportée contre
Hidé-yochi, qui l'avait tuée de sa propre main. Les deux
individus ne pouvaient pas connaître cette histoire. Par quelle
fatalité devaient-ils montrer cette femme, et quelle cruauté de
leur part! Ainsi pensait chacun. A la fin, Hidé-yochi, dont on
voyait le mécontentement sur son visage, fit sortir les deux ma-
giciens. Il dit ensuite : « Ces gens possèdent des arts extraordi-
naires, inouïs. Ce ne peut être que des débris de la faction du
Couvent chrétien. Qu'on les arrête et qu'on les interroge. » Ils
avouèrent pleinement qu'ils étaient les nommés Cosme et Simon
et, en conséquence, furent livrés au supplice de la crucifixion, le
19 du neuvième mois de 1588, à Kourita-goutchi. On envoya
ordre à Kyôto, Osaca et dans les autres provinces, de rechercher
avec la plus grande rigueur tous ceux qui célébraient en cachette
le culte du Souverain céleste, suspendant son image dans leur
maison et répétant la formule sacrée. Alors la secte s'éteignit
pour la plupart.

Environ vingt-quatre ans plus tard, en 1611, Katô Kiyomasa,
seigneur de la province de Higo (Kiouchou), succomba à une
maladie dans sa province[1]. Profitant de cette conjoncture, des
disciples que Fabien y avait laissés, au district d'Oudo, com-

---

1) Un des principaux lieutenants de Hidé-yochi; il fit en dernier lieu l'expé-
dition de Corée. Il avait reçu cette province en fief.

mencèrent à propager sous main leur religion. Dans ce même
district, au village de Founa-i, ils détruisirent un monastère de
la secte Zén, le Jikkô-ji, et en chassèrent un prêtre nommé Chinn-
zô-chou. Celui-ci indigné se rendit à Kyôto et porta plainte
auprès du Bureau des Cultes. De Yédo[1] on expédia un fonctionnaire qui fit une enquête sur les chrétiens, et rétablit la tranquillité dans le district. A partir de 1626, on vit de nouveau quelques individus parcourir les provinces de Tamba, d'Omi et les
environs, et aussi les provinces plus distantes de la capitale,
distribuant de l'argent, exhibant le Miroir des Trois existences,
et exhortant le peuple à la conversion. Comme on entendait dire
partout que cette secte reprenait vie, on chargea un fonctionnaire d'examiner les coupables avec la dernière rigueur. Quicon-
que n'abjurait pas était arrêté, mis dans un sac et expédié, soit à
Sandjô-gawara, près Kyôto, soit au Champ d'équitation d'Osaca,
soit à la Plage des Sept Routes (Chitchi-dô-no Hama) à Sacaï.
Dans chacun de ces trois endroits, ils étaient mis en tas de cinquante sacs. Ceux qui voulaient encore abjurer sortaient en roulant du tas, dans leur sac, et exprimaient leur désir. Ils disaient à
quelle secte ils voulaient se rattacher, et l'on appelait un bonze
d'un temple de cette secte, et établissait un contrat par lequel ils
entraient au service du patron de ce temple; ce contrat était
envoyé au gouverneur de la ville. C'est l'origine des certificats
de couvent (téra-tégata). C'est sans doute aussi à cette époque
que naquit le nom de *corobou* (roulant par terre) donné à ceux
qui abjurent leur religion.

Vers le même temps, des traces de chrétiens se montrèrent
encore dans la province de Tôtômi, à Chikitchi; c'étaient des
disciples que Cosme y avait instruits, pendant le court séjour
qu'il y avait fait. Le gouverneur mit la main à ce que la secte fût
anéantie. A Osaca, trois hommes refusèrent de « rouler ». L'un,
le joaillier Chitchibéï, fut crucifié; le second, le paysan Hatchi-
ou-émon, également; le dernier, un marchand de légumes nommé
Sô-kitchi, fut jeté à l'eau. A Kyôto, il y en eut quatre. Deux fu-

1) Depuis 1603, le siège du nouveau gouvernement chôgounal fondé par Ié-yass.

rent crucifiés, et deux brûlés vifs. A Sacaï, deux furent crucifiés, et un tiré aux bœufs. Dès lors, la secte était anéantie.

Douze ans plus tard, en 1637, les chrétiens se soulevèrent dans la province de Hizén, à Amacouça, et se retranchèrent dans le château fort de Chimabara[1]. De Yédo, on envoya un haut fonctionnaire, qui réunit tous les princes vassaux de l'île de Kiouchou pour le siège du château. L'année suivante, en 1638, le 28 du deuxième mois, la citadelle se rendit. Le général Jirô fut pris et tué par un membre de la famille Hosocawa, Chin-ya Sasaémon; vingt mille hommes et femmes furent massacrés dans le château. La secte était anéantie pour toujours. Cette même année, il fut fait défense aux navires des quatre pays d'Espagne, d'Amacawa, de Luçon et d'Angleterre d'entrer dans aucun port japonais.

La période qui s'étend de l'abolition du Monastère (1585) à la reddition de la citadelle d'Amacouça (1638) embrasse donc un espace de cinquante-quatre ans.

FIN

Ce livre est un résumé de l'ouvrage intitulé « Histoire des origines du christianisme ». Au début, on y trouve la géographie des pays chrétiens. On y dit que le grand roi d'un pays appelé Kôsimbi[2] désirant faire la conquête du Japon, envoya un de ses grands officiers nommé Koki (Grande-Joie?) au pays dit des Chrétiens, à 3000 lieues à l'ouest. Sur un pic de ce pays, le Pic de la Forêt céleste, se trouve un arbre nommé Santal. En cet endroit demeurait un Padre, nommé Frate Ouroucan, qui était adonné aux observances de la secte du Recueil secret, et avait acquis le pouvoir surnaturel de la toute-puissance. Il lui ordonna de se rendre par mer au Japon, et d'y soumettre le peuple à l'o-

---

1) Comme on sait, Amacouça est un îlot (*chima*) à l'ouest de l'île de Kiouchou. Le château fort se trouvait sur la terre ferme (*hara*, plaine); on l'appelle aussi, pour cette raison, le château de la plaine.

2) Voir l'Appendice C.

béissance à cette secte[1]. Ce que l'auteur ajoute ensuite, à savoir que le roi, espérant s'emparer d'un seul coup du Japon, y fit passer Ouroucàn; puis les différentes machinations de ses serviteurs, les moyens qu'employèrent Ouroucan, les deux Padre, les deux hermanos Grégoire et Marc; tout cela, il l'aura appris au Japon même; c'est donc digne de foi. Mais on se demande de quelle bouche il tient ses informations sur ces pays étrangers, puisqu'on ne connaît chez nous aucun livre de ces pays. Elles sont par conséquent sujettes à caution, et, c'est pourquoi l'auteur du Résumé a supprimé ce début.

Pour ses informations géographiques sur ces pays chrétiens, il les doit au savant Nichikawa Nio-kén[2].

Ce qu'on appelle ordinairement le monde est formé de cinq continents, l'Asie, l'Europe, la Libye, l'Amérique et la Magellanie (*sic*). Le pays que le livre ci-dessus appelle Kôsimbi comprend quarante-deux provinces, mais n'est pas de même espèce que le Japon. Quoiqu'il soit qualifié de grand royaume, on est étonné de ne le trouver nulle part dans ces cinq continents. Aussi tous les passages y relatifs ont-ils été retranchés dans le résumé, qui a alors pris le titre, quelque peu altéré, d'*Histoire de la grandeur et du déclin du Couvent des Barbares du sud*.

---

1) Il s'agit, je suppose, tout simplement du roi de Portugal et d'un missionnaire de Goa. Sur des informations confuses, et altérées encore dans la mémoire des Japonais, naît la légende où l'on remarque aussi des réminiscences bouddhiques.

2) Astronome et géographe du commencement du xviie siècle. Il tenait des Hollandais ce qu'il savait de géographie étrangère.

RÉSUMÉ DES CROYANCES DE LA MAUVAISE RELIGION [1]

PAR SESSÔ SÔAI

Pour prendre les choses dès le début, nous dirons donc que
vers la fin de l'ère Tem-mon (1532-54), des marchands venant
de Rome, capitale du pays d'Italie, l'un de ceux des Barbares de
l'ouest, abordèrent au pays de Boungo (dans l'île de Kiouchou).
Leur navire avait fait voile, de la mer occidentale, d'abord vers
le sud, et du sud de nouveau vers le nord, pour arriver au Japon;
c'est pourquoi les Japonais appelèrent ces gens « les gens de la
capitale du sud ». Sur ce navire, il y avait, tant de marchands et
de passagers que de matelots, environ deux cents hommes. Deux
d'entre eux se faisaient remarquer par leur figure et leur costume. L'un se nommait saint François Xavier, et l'autre Gaspard. On les appelait Padre, c'est-à-dire en japonais O-chô [2]. Ils
avaient un compagnon nommé Lorenzo, qu'ils traitaient d'hermano, ce qui veut dire chez nous : président d'une assemblée
religieuse. Il était originaire de la province de Yamato, où il avait
grandi sous le nom de Ryô-saï [3]. De la province de Satsouma, il
se rendit à Rome, où on l'instruisit dans la religion du Souverain céleste; puis il revint au Japon. Il appelait cette religion le
christianisme. Actuellement, il remplaçait les Padre dans la prédication, et convertit au moins une centaine de personnes. Xavier,
dans l'intérêt de la propagande, resta quelque temps au Japon,
tandis que le Padre Gaspard retourna à Rome l'année suivante,
pour en expédier plusieurs autres Padre au Japon. Dans la suite,
Xavier réussit à convertir le roi, fonda des monastères et prêcha
sa religion avec un tel succès que les convertis ne se comptaient
plus. Trois ans plus tard, onze Padre vinrent à bord d'un vais-

---

1) Ce traité est joint sans autre indication, dans le même volume, à l'histoire qui précède. Le nom de l'auteur est un pseudonyme.
2) Révérend; le *théro* de l'île de Ceylan.
3) Celui que saint François Xavier appelle Anger. Voir l'Appendice B.

seau marchand, et débarquèrent dans l'îlot de Hirado, province de Hizén (Kiouchou). Ils prêchèrent ensuite à Omoura, à Chimabara, Nagasaki, Amacouça; dans tous les coins de la province de Tchicou-zén; dans celle de Boungo, à Ogonra; puis à Osaca (province de Séttsou), à Fouchimi (dans celle de Yamato); enfin à Kyôto et dans une quantité d'autres endroits, discréditant le bouddhisme et les dieux du chintauïsme, faisant des aumônes et ébranlant hommes et femmes dans leur ancienne foi. Ils opérèrent des conversions innombrables. Ensuite, ils choisirent des hommes de talent parmi leurs disciples, souvent des bonzes dépourvus de l'esprit religieux bouddhique, leur assignaient des appointements, leur donnaient un semblant d'instruction dans les doctrines bouddhiques, les principes de Confucius, le culte des Camis; puis ils en faisaient des hermanos, qui prêchaient la nouvelle religion. Ils employaient toute espèce de moyens fallacieux pour égarer le peuple. Ils n'avaient pas dès l'abord proclamé les principes de leur secte, ni attaqué ceux des autres. Ils s'étaient contentés de se gagner les cœurs par des aumônes et des paroles affectueuses. Ensuite, ils commencèrent peu à peu à exalter en secret leur croyance, et à dénigrer les autres. Quand leurs auditeurs en étaient arrivés à ce point, où ils ne savaient pas s'ils les devaient croire ou non, ils leur tenaient ce discours :

« Si vous voulez vous fixer sur la supériorité de notre religion, écoutez-en au moins les principes essentiels. Si elle ne vous convient pas, vous garderez la vôtre; si nos principes gagnent votre assentiment, changez de religion. » Ces gens répondaient : « C'est justement ce que nous voulons. Faites-nous donc connaître votre religion. » Alors, ils disaient que c'était une religion extrêmement profonde et pleine de mystères, et, fermant toutes les portes, n'admettaient plus personne d'autre à entendre leurs doctrines. La prédication secrète des principaux points de leur religion avait lieu toute la semaine ; celle du premier jour de la semaine se nommait le *senkio* (saint?) *sermon*, ce qui se traduit en notre langue par « changer de religion ». Ils critiquaient violemment nos trois religions, insultaient nos Camis et s'en prenaient surtout au bouddhisme qu'ils décriaient le plus possible, pour la raison que le bouddhisme parle des vicissitudes des existences futures, et qu'ils voyaient certaines ressemblances avec leur propre religion. Leurs attaques n'étaient pas sans habileté. A cette époque, les six sectes bouddhiques de Nara n'avaient guère d'influence parmi le peuple; et la secte Tendaï et la secte Chingon cultivaient principalement les rites des invocations et des prières; le vulgaire ne connaissait pas même de nom ces deux sectes; qu'aurait-il pu savoir de leurs pratiques et de leurs doctrines? A plus forte raison ne savait-il rien de leurs livres sacrés, ni des traités qui les expliquent (çàstras), ni des développements qu'elles en faisaient. Les trois sectes Zén, Némboutsou et Nitchi-rén étaient alors fort en vogue, ce qui faisait que beaucoup d'hommes et de femmes, nobles ou obscurs, y adhéraient et en prenaient au moins le nom. Il en résultait que les gens entendaient parler de ces sectes, au moins de leur nom et d'une façon toute superficielle, et disaient : « Le bouddhisme, c'est l'art de se procurer le bonheur dans cette vie et dans l'autre. » Voilà à quoi se réduisaient leurs notions. Le bouddhisme, en effet, semble facile à connaître, mais en réalité, il est difficile de le bien connaître!

Dans le sermon du premier jour de la semaine, les Étrangers disaient : « Le bouddhisme a pour article suprême la doctrine du néant. Dans les stances dans lesquelles le Bouddha transmet sa doctrine à Kâçyapa, il est dit : La doctrine suprême de la religion, c'est que les modes (ou choses) n'existent pas. Mais si absolument rien n'existe, d'où viennent le ciel, la terre et toutes choses ? C'est le Souverain céleste, Dieu (téïouç) qui les a faits. En outre, il vient au secours des hommes. C'est une doctrine pleine d'enchaînements mystérieux, aussi ne la comprenant pas clairement, on a inventé la doctrine du néant. On prêche toute espèce de choses sur le Grand et le Petit Véhicule, sur l'enseignement transitoire et le définitif, l'apparent et le secret, pour fourvoyer et égarer le peuple. Aussi aujourd'hui les prêtres de toutes sectes ne prêchent que des erreurs et abusent le monde. Ils ont, il est vrai, de nombreux disciples ; mais considérez un peu leurs trois grandes sectes. Voici d'abord celle de Nitchi-rén qui enseigne la foi à Çàkya et a pour fondement le soutra du Lotus de la Vraie religion (Saddharma-puṇḍarîka). Elle croit qu'en répétant continuellement le titre de ce soutra, on gagne des mérites par lesquels on renaît après la mort dans le Paradis, la Terre pure du Calme et de la Lumière. Quoi de plus insensé? Car Çâkya était un homme, fils du roi Çouddhodhana (Riz pur) dans l'Inde centrale. Étant homme, comment peut-il porter un secours efficace aux hommes?

« Ce n'est pas tout. On nous parle des cinq cents grands vœux qu'a faits Chaka (Çâkya). Mais ce sont des vœux faits au Souverain céleste, à Dieu; car dans tout vœu, le votaire met son appui en celui qui est le maître de l'objet du vœu. Sans un Souverain céleste pour donner l'objet du vœu, comment peut-il y avoir de vœu? Généralement on ne fait pas attention à ce point; pourtant, il importe d'y réfléchir. De quoi vous servent tous les volumes de ce livre sacré de la secte? Hors le Paradis céleste des chrétiens, il n'y a nulle part de séjour de félicité. Comment ce Paradis du Calme et de la Lumière pourrait-il exister en même temps?

Pour ceux qui appartiennent à la secte Némboutsou, ils fondent leur espoir en Amida. Ils répètent perpétuellement son nom, et croient ainsi mériter de renaître dans la Terre pure (Paradis) de l'ouest. Ce n'est pas vrai. Dans le soutra de la Vie infinie, il est dit : « Il y eut autrefois un roi qui abandonna son royaume, renonça à sa royauté et se fit ascète; il se nommait le bhikchou (religieux mendiant) Dharmakoça. C'était le Bouddha appelé Roi indépendant dans le monde[1]. Il prononça quarante-huit grands vœux ayant trait aux œuvres qui assurent le Paradis et aux pays magnifiques qu'habitent les Bouddhas. Ses vœux étant accomplis, il demeura en paix dans les régions de l'ouest, et dès lors s'appela le Bouddha Amida, etc. — Mais celui-là encore n'est qu'un homme.

« Qu'est-ce que cela signifie : le Roi indépendant dans le monde? C'est le Souverain du ciel, Dieu, qui a fait le ciel, la terre et le monde, qui a fait naître toutes choses, animées et inanimées, et

----

1) Sanscrit *lokeçvara râja*.

qui manifeste dans le ciel, la terre et le monde, sa substance existant par elle-même[1]. Pour cette raison, nous l'appelons le Roi existant par lui-même (indépendant) dans le monde. Enfin, ce Paradis de l'ouest n'est rien autre que l'humanité d'ici-bas. Ceux qui croient, en répétant perpétuellement le nom d'Amida, gagner le Paradis de l'ouest, sont les plus fous des hommes.

« Passons à la secte Zén (ou de la Méditation). Elle n'admet aucun autre enseignement que ces paroles : « Le Vénérable, tenant dans ses doigts un lotus, sourit. » Elle enseigne que la méditation selon le Véhicule suprême consiste à figurer les mots à l'aide des doigts[2]; l'esprit de l'homme devient un Bouddha dès qu'il comprend sa propre nature[3]. Mais comparez ceci à notre dogme d'un Dieu sans commencement ni fin; vous verrez bientôt que si le langage de cette secte semble être élevé au-dessus de toute idée, il n'y a au fond rien de plus vide que ses croyances. Un prêtre bouddhiste demanda à Chô-chou : Un jeune chien possède-t-il la nature virtuelle d'un Bouddha, ou non? Il répondit : Non. Ce mot de non ou rien, voilà l'article le plus sublime de tous les enseignements de Chaca, voilà la conception dernière de tous les Bouddhas; ce seul mot de : rien, leur suffit à répondre à toutes questions. Pourquoi? Parce qu'ils ignorent qu'il y a un Dieu. Ils disent : Par ses propres paroles, on devient un Bouddha. Vaine et fausse croyance! Comment obtenir la félicité céleste, à moins de mettre son appui en Dieu?

« Quant à vos dieux nationaux, les Camis, voici ce qui en est. Quand un homme mourait, ses descendants bâtissaient un temple où ils adoraient leur ancêtre. Quelquefois, dit-on, après sa mort, son âme devenait un esprit courroucé, et causait toute espèce de maux aux hommes. Ceux-ci portaient leurs adorations à cet esprit, dont ils faisaient une divinité. Parfois aussi, c'était l'esprit de certains animaux qui tourmentait les hommes; ceux-ci lui

---

1) Ou : indépendante?

2) Il s'agit des sceaux mystiques, ou signes symboliques formés avec les doigts enlacés de certaines façons, et qui jouent un grand rôle dans les cérémonies religieuses de cette secte (jap. *in*; sanscrit *mudrâ*).

3) Qui est un Bouddha en puissance.

adressaient des supplications et en faisaient un dieu. Tout cela
est un tissu d'erreurs. Comment l'esprit des hommes ou des animaux pourrait-il conférer des biens aux hommes?

« Voilà pourquoi ceux qui détruisent les temples des Camis, qui
jettent au feu les images bouddhiques, font une œuvre très méritoire devant Dieu.

« Voici maintenant ce que croient les chrétiens.

« Ceux qui ont mis leur confiance en Dieu, renaissent, après la
mort, dans le Paradis (paraïso), avec un corps indestructible.
Ils jouissent d'une félicité sans bornes. Il y a, au-dessus de nous,
par delà dix ciels, un ciel nommé Paradis. Là réside un Souverain
appelé Dieu (téïouç). Sa substance n'a ni commencement ni fin;
il est l'auteur du ciel, de la terre et de toutes choses, la source
de la sagesse, la source de la miséricorde, la source de toutes les
lois, le maître de toutes les vertus. Étant un corps qui existe par
soi-même, on l'appelle « substance spirituelle » (spirits), ce que
l'on rend en notre langue : qui ne naît ni ne périt. Il créa d'abord
un grand nombre d'anges (fouancho) pour le servir constam-
ment. Leur chef, nommé Lucifer (Rousouher), réunissait en lui
toutes les vertus, et était indépendant à l'égal de Dieu. Ensuite
Dieu créa le ciel, la terre, le monde et tout ce qu'on y voit. Comment s'y prit-il? Il n'eut qu'à prononcer ce seul mot : *fiat*. Du moment qu'il eut suscité en lui-même la pensée créatrice, toutes
choses prirent naissance.

« Ensuite, il prit de la terre pure, nommée tamaçéïna (?) et en fit
un jeune homme[1], appelé Adam. Il le fit dormir pendant trois
heures, et prenant un os de son flanc droit pour y attacher de la
terre tout autour, il en fit une jeune femme, Èva. Il les maria et
les fit habiter dans le pays de Tériari[2] situé au-dessus du centre
du monde, un lieu où ils jouissaient de la félicité. Tous les autres pays servaient d'habitation aux oiseaux et aux bêtes. Dieu
créa aussi des fruits de longue vie, qui suffisaient à leur nourri-

1) Litt. : « un fils du sexe mâle »
2) Je ne sais pas identifier ce mot. Un des missionnaires catholiques qui vinrent à cette époque au Japon est appelé Tériori. Est-ce Théodore? D'après un
autre récit, Tériari signifie : terre de délices.

ture. Ceux qui en mangeaient acquéraient un corps impérissable. Dieu prononça alors cette défense : Un des fruits de ces arbres est le maçan (?). Gardez-vous d'en manger. Si vous le faites, vous serez conduits dans le pays des oiseaux et des bêtes, et vous deviendrez des corps mortels, assujettis à la souffrance.

« Ainsi, d'entre toutes les choses, les oiseaux, bêtes, plantes et arbres sont nés une fois et doivent finir une fois. Le ciel et la terre, les génies et l'âme des hommes ont eu un commencement et ne doivent jamais finir. Le Souverain céleste, n'ayant jamais commencé ni fini d'être, est l'origine de toutes choses. Ensuite, Lucifer, voyant Dieu fermement établi sur son trône de Vertus, conçut le désir de lui ravir sa dignité. Il ligua tous les anges (ancho) contre lui. Alors Dieu, lui lançant un regard courroucé, le chassa dans le monde inférieur, et le plaça dans les flammes d'une grande fosse de feu. C'est ce qu'on appelle l'Enfer (inher), traduit en notre langue par Djigocou[1]. Alors Lucifer dit : Je voudrais bien faire partager mes souffrances à Adam et Ève. Il se transforma donc en un diable[2] et se rendit à Tériari, où il dit à Ève : Pourquoi ne mangez-vous pas du fruit maçan? Elle répondit : Le Souverain céleste l'a défendu. Il répliqua : Ceux qui en mangent deviennent complètement indépendants, comme celui qui a créé le ciel et la terre, et occupent le même rang que notre Souverain céleste; voilà pourquoi il l'a si rigoureusement défendu. Mangez donc de ce fruit[3]. Ève en prit et en mangea. Adam lui demanda : De quel fruit mangez-vous? Elle répondit: J'ai goûté du fruit maçan, sur l'exhortation du diable. Adam dit : J'en veux manger aussi. Quand il l'eut fait, le Souverain céleste chassa les deux époux dans le monde inférieur. Tous les êtres des temps suivants sont leurs descendants, et pour cette raison, astreints dans leur corps à naître et à vieillir, à être malades et à mourir.

« Soixante ans après la création du ciel et de la terre, naquit

---

1) « Prison souterraine », l'un des enfers bouddhiques.

2) Litt. « en un téngou », être fabuleux de la superstition japonaise, pourvu de griffes, d'un grand nez, d'ailes, etc. Devenir un téngou signifie, au figuré, devenir orgueilleux.

Jésus-Christ (Sess-Cristo). Il a dit lui-même : Je suis le Souverain du Paradis, le Saint sans commencement ni fin; j'ai créé le ciel et la terre, j'ai établi toutes choses dans le monde, je suis un incarnation de Dieu. Afin de porter secours aux êtres dans leurs existences futures, je suis descendu pour un peu de temps dans le monde. Ceux qui suivront mon enseignement et auront mis leur confiance en Dieu, eussent-ils des péchés gros comme une montagne, ils seront abolis, et le Souverain leur accordera les joies du Paradis.

« Cependant, il y a de grandes différences entre les dévots, et leur félicité ou leurs peines sont en conséquence. Selon que leur dévotion est plus ou moins profonde il y en a de quatre espèces. Les premiers sont ceux qui appartiennent à quelque autre religion et cherchent en elle à gagner la vie future. Ils ne peuvent renaître au ciel; ils sont précipités dans l'enfer; car il n'y a aucun autre maître de l'univers que Dieu. En second lieu, ceux qui, bien que chrétiens, n'ont pas suffisamment pratiqué leurs croyances; le Souverain céleste ne leur permet pas de renaître tout de suite au ciel; il leur faut d'abord séjourner dans le Purgatoire (arcatôria), où ils endurent des peines légères, sans jouir d'aucun bonheur. Lorsqu'ils ont passé là un certain nombre d'âges, le fonds de leurs œuvres précédentes est épuisé, et il leur est permis de renaître au ciel, où ils jouissent de la félicité. En troisième lieu, ceux qui ont parfait toutes les bonnes œuvres, et à qui il est donné de renaître immédiatement au ciel. Ils sont assis dans une salle de pierres précieuses, revêtus d'habits produits spontanément pour eux, et ils prennent des breuvages d'immortalité qui leur font un corps capable de durer éternellement. Leur félicité est immense. Enfin, ceux qui, lorsque les lois d'un pays interdisaient cette religion, n'ont cependant pas voulu l'abjurer, lui ont sacrifié leur vie et sont morts dans le martyre (martiri). Ceux-là, quelle que soit la valeur de leurs autres œuvres, renaissent immédiatement au ciel pour y vivre heureux.

« Un temps viendra où le ciel et la terre seront détruits; on l'appelle Chiouïçoçérar[1]. Dans notre langue, cela équivaut à dire :

1) Jugement céleste? On sait que les Japonais, n'ayant pas de *l*, sont forcés de le remplacer, dans la transcription des noms étrangers, par *r*.

Toutes choses sont également mises en lumière par force. A la consommation des siècles, sur l'ordre du Souverain céleste, le ciel, la terre et ce bas-monde périront dans les flammes ; toutes choses, animées ou inanimées, seront anéanties : ensuite tous les hommes revivront avec leur ancienne apparence. Ceux qui naîtront dans les lieux heureux auront un corps resplendissant par lui-même ; ceux qui seront précipités dans les régions mauvaises, n'auront que la peau sur les os. Plus tard, ils seront tous assemblés du pays de Judée, dans la vallée de Josaphat (Choçatt) ; le Souverain céleste y descendra, et séparera les bons, qui siégeront à sa droite, des méchants, qui seront placés à sa gauche. Les méchants seront précipités à jamais dans l'enfer, pour y endurer des tourments ; les bons suivront le Souverain céleste et renaîtront au Paradis, où la félicité leur sera donnée.

« Jadis, Christ prêcha cette religion en Judée, aux alentours de la capitale Jérusalem (Zerzaren) ; il eut un nombre immense d'adhérents. Mais Judas (Djittas), poussé par la jalousie, se rendit à Jérusalem et dit au gouverneur Pilate (Hiraatos) : Christ prêche une religion mauvaise, et jette le trouble parmi le peuple. Veuillez faire exécuter cet homme. Le gouverneur envoya des soldats arrêter le Christ, et le fit suspendre à la croix sur le mont Calvaire (Carvario), puis tuer d'un coup de lance. Le Christ dit : Pour secourir les êtres dans leurs existences futures, je fais volontiers le sacrifice de ma vie, et me laisse suspendre à la croix ; je prends sur moi ces souffrances, en me substituant à tous les êtres, et j'offre par là le rachat de leurs crimes.

Sept jours plus tard eut lieu sa résurrection, avec toute espèce de particularités étranges. Aussi le peuple conçut pour lui une vénération sans bornes. Puis il monta, vivant, au ciel, et disparut.'

« Ces choses étant telles, il ne peut y avoir pour les hommes aucun autre chemin de salut que cette religion. La vie passe comme un rêve ; hâtez-vous de vous convertir ! »

Telle était la prédication des missionnaires. Leurs auditeurs les priaient de leur enseigner à se convertir. Les Padre procédaient alors à la cérémonie d'admission. Ils mettaient d'abord

sur le front des néophytes un mouchoir blanc, et leur faisaient
tenir à la main un cierge; ils leur mettaient du sel dans la
bouche et leur faisaient une aspersion d'eau sur le sommet de
la tête, accompagnée de la récitation d'un texte. Puis ils entraient dans la chambre des Padre et se confessaient. Alors les
Padre leur donnaient à manger un gâteau de froment, et à boire
du vin de raisins. Ensuite, ils se présentaient au Padre directeur. Celui-ci traçait sur leur front le signe de la croix, leur
frottait la tête d'huile, et leur donnait avec la main un coup au
côté droit du visage. Après cela, ils se comportaient de la façon
que voici pendant la journée. A l'heure du repas, ils avaient
soin de faire le signe de la croix, avant de boire et de manger.
Ils se frappaient le dos jusqu'au sang, afin d'anéantir leurs
péchés par cette œuvre méritoire. Matin et soir, ils prenaient
leur rosaire et répétaient les prières (orachcho); ils se pendaient
au cou un objet appelé tariki(?), et avaient encore différentes autres pratiques.

Ils avaient un enseignement particulier, propre à exciter chez
les croyants une fermeté inébranlable; ils l'appelaient : fides
(hiides). Il consistait à susciter en eux-mêmes cette pensée : Les
pierres de tous les mille grands mondes peuvent s'user, mon
cœur ne changera pas encore. A ceux qui pensent ainsi, il n'est
pas difficile de changer un pic de montagne en une vallée, et la
mer en une montagne. Ils mettaient par écrit cette résolution et
la scellaient de leur sang; on la déposait ensuite à l'église
(ckrencha = ecclesia), mot qu'on traduit chez nous par : monastère.

Ils avaient aussi une manière d'instruire les fidèles à former
des vœux; c'est ce qu'ils appelaient la grâce (caraça = gratia?);
en notre langue, cela équivaut à : assistance. En cas que leur
religion soit interdite par les lois, les fidèles dont la *fides* est
ferme doivent concentrer toutes leurs pensées sur leur croyance
et faire abandon de leur vie terrestre; puis, lorsqu'ils sont expo-
sés à des souffrances intolérables, jetés dans les flammes, ils
doivent élever un instant leur pensée à Dieu, de toutes leurs
forces, avant d'affronter le supplice. Alors le Souverain céleste

se substitue au supplicié, unit ses forces aux siennes, et endure avec lui ses souffrances. Ainsi, il est bientôt délivré ; un instant de peine, et il est assis au ciel, au sein de la félicité.

Aussi les martyrs sont déchargés de tous leurs crimes, eussent-ils même tué leur prince ou leur père ; car ils ont l'autorisation du Souverain céleste d'entrer immédiatement au ciel.

Depuis la fondation de cette religion par Jésus-Christ jusqu'à la présente année, cinquième de l'ère Chô-hô, il s'est écoulé 1647 ans[1].

FIN

____

APPENDICE A

(*Nihon Gwai-chi*, Histoire des familles féodales du Japon, début du livre XIV) :

Le jour du nouvel an de 1574, tous les officiers militaires du Gokinaï (ou cinq provinces autour de Kyôto) vinrent à Guifou présenter leurs félicitations à Nobounaga. Celui-ci leur fit servir du vin. Après qu'ils eurent vidé trois fois leurs coupes, Nobounaga, s'adressant à l'assemblée, dit : « J'ai du sacana[2] excellent ; veuillez donc y goûter, je vous prie. » Et il ordonna à ses pages de lui apporter certaine boîte. Ils la posèrent devant sa place. Tous les yeux étaient fixés sur cette boîte. Nobounaga offrit la coupe de vin à Chibata (un de ses principaux lieutenants), et souleva de sa propre main le couvercle de la boîte — on vit alors deux têtes, celle d'Açacoura Yochi-cagné, et celle d'Açaï Naga-

____

1) Cette date correspond à l'an 1648, d'après les tables actuelles. En 1684, le Chôgoun chargea le savant Abé Yasou-yochi de réformer le calendrier, qui, depuis la révision de l'an 861, n'avait jamais été vérifié. On trouva entre autres que les éclipses de soleil jusqu'à l'an 1616 comportaient de graves erreurs de dates.

2) Mets sec, surtout poisson sec, que l'on mange pour faire boire.

maça, revêtues d'un enduit de poudre d'or. Tous les officiers éclatèrent de rire, et s'écrièrent : Voilà de bon sacana! Qui est-ce qui ne voudrait pas boire à pleine coupe? Nobounaga reprit : « Voilà les deux hommes qui me causèrent des embarras pendant tant d'annés, et m'empêchèrent de conquérir promptement le Gokinaï. »

APPENDICE B

(Extrait de l'Histoire du Japon, *Nihon Tei-cocou-chi*, 2ᵉ éd., 1889; p. 401 et suiv.)

A cette époque, vers la fin du XVIᵉ siècle, on voit avec étonnement que le christianisme sembla sur le point de faire la conquête de tout le Japon, qu'il inonda de ses flots. Vers 1547, un jeune homme, nommé Ryô-saï, ayant commis un meurtre, s'enfuit à Goa. Là, il se fit chrétien et reçut le baptême. Il changea son nom en celui d'Anjirô. Un jour, dans un entretien avec des Jésuites de cette contrée, il les pressa d'évangéliser le Japon. Là-dessus, l'éminent prêtre François Xavier, accompagné d'Anjirô et de deux ou trois missionnaires, vint débarquer à Kagochima (île de Kiouchou), en 1549, le neuvième mois; le christianisme entrait pour la première fois au Japon. Dès lors, d'autres missionnaires espagnols et portugais arrivèrent successivement à Kiouchou. Ils avancèrent ensuite à l'est, et atteignirent Osaca et Kyôto. Ils répandirent leurs croyances à pleines mains, et pendant l'espace d'une trentaine d'années, ils purent faire pénétrer leur culte à peu près dans toutes les parties de l'empire. Dans l'île de Kiouchou, ils comptaient une foule d'adhérents à Nagasaki, Omoura, Foucabori, Arima, Yanagizawa, Yatsoujiro, Amacouça. Dans les provinces du centre, ils étaient nombreux à Hirochima et à Yama-goutchi; dans la région du sud, à Wacayama (province de Kii); pareillement à Kyôto, Osaca, Sacaï, Fouchimi (région du Gokinaï). Ils avaient pénétré encore plus loin à l'est, dans tout le Couantô, jusqu'à Sendaï et Aidzou; au nord, jusqu'à Canazawa. On eût dit que ce puissant mouvement allait ébranler le Japon tout entier. On comptait alors plus de trois cents missionnaires, deux cent cinquante monastères et trois cent mille adhérents. On vit des seigneurs comme Omoura Tomomasou, Arima Yochitomo (dans la province de Hizén, île de Kiouchou) pousser l'ardeur de la foi jusqu'à envoyer des ambassadeurs à Rome, au pape Grégoire XIII, avec des lettres où ils affirmaient leur croyance, et des présents. Ils promettaient solennellement de dévouer toutes les forces de leur corps et de leur âme à l'intérêt de la religion. Le seigneur Daté Masamouné envoya également un de ses officiers à Rome.

En 1568, Oda Nobounaga se fit présenter Ouroucan[1] et un autre Padre. Il leur bâtit à Kyôto le Couvent des Étrangers du Sud et lui donna un revenu de 500 couan dans la province d'Omi. Puis il fit venir d'autres prêtres du Portugal, et donna aux missionnaires, sur le mont Ibouki, un espace de 50 tchô, où ils plantèrent des arbres et des herbes rares de leur pays. Cependant, plus tard, leurs progrès extraordinairement rapides et l'ardeur de leurs convertis commencèrent à déplaire à Nobounaga, et il les prit peu à peu en aversion.

Lorsque Toyotomi (Hidé-yochi) succéda à Nobounaga, on voyait apparaître des présages de violents démêlés entre le christianisme et le bouddhisme. Hidé-yochi craignit pour l'intégrité du pays et décida de supprimer le christianisme, à la date de 1586. Quoique l'édit de suppression ne fût pas encore exécuté avec la dernière rigueur, il y eut déjà beaucoup de supplices. (Dans la seule année 1590, près de deux cents personnes furent exécutées.)

En 1592, une ambassade du gouverneur de Manille vint au Japon; des Franciscains l'accompagnaient. Au mépris de l'édit, ils prêchèrent publiquement dans les rues de Kyôto. Hidé-yochi conçut dès lors une véritable haine pour cette religion, et la traita avec une sévérité toujours plus grande.

Quand Ié-yass vint au pouvoir, on se relâcha un peu de ces rigueurs, et le christianisme sembla devoir fleurir de nouveau. Les Hollandais faisaient alors un grand commerce avec le Japon,

1) L'auteur dit par erreur : Ouroucan et Padre, tous deux...

et ne songeaient qu'à y renverser les Espagnols et les Portugais (avec lesquels ils étaient en guerre en Europe).

En 1611, ils surent se procurer, par un chrétien japonais à bord d'un vaisseau portugais, une lettre secrète envoyée au roi d'Espagne, et la firent tenir au Chôgoun. Elle renfermait le plan d'une conjuration entre les chrétiens japonais et les Portugais, pour renverser le Chôgoun; la convention par laquelle les Japonais s'engageaient à fournir aux Portugais les soldats et les vaisseaux nécessaires; les noms des grands seigneurs japonais qui participaient à cette révolte; enfin ils disaient qu'ils espéraient jouir de toute la faveur du pape, une fois que leur conjuration aurait réussi.

Ié-yass prononça alors l'abolition du christianisme dans toute l'étendue du Japon, et fit expulser les missionnaires; contre les récalcitrants, il prononça des peines sévères. Dès lors, les adhérents à cette religion vécurent sous un régime de cruelle oppression.

En 1637, leurs restes, au nombre d'environ quarante mille, se soulevèrent; leurs centres de résistance étaient Amacouça et Chimabara. Le Chôgoun envoya contre eux une puissante armée et les extermina. (Les Hollandais, dit-on, aidèrent le Chôgoun avec des vaisseaux de guerre, et tirèrent à boulets sur l'armée des rebelles.) Là-dessus, le gouvernement chôgounal adopta le principe de la fermeture du pays, interdit à tout étranger d'entrer au Japon (excepté aux Hollandais, aux Chinois et aux Coréens), et défendit non moins sévèrement à tout Japonais de se rendre en pays étranger. Dès lors, le christianisme avait cessé d'exister, et le bouddhisme eut le champ libre.

Il est évident, d'après tout ceci, qu'Ié-yass avait eu d'abord l'intention de faire fleurir les relations entre le Japon et les pays étrangers, et que les embarras que causa le christianisme sont l'unique cause du parti que le gouvernement finit néanmoins par prendre, de fermer absolument le pays aux étrangers. Il est clair que l'on craignit de voir les chrétiens s'emparer à la fin du Japon.

APPENDICE C

Identification de quelques noms propres.

a) A la page 2 et suivantes, il est question d'Ouroucan; c'est un des noms qui reviennent le plus souvent dans les nombreuses chroniques relatives à l'introduction du christianisme au Japon. A la page 15, on parle de Fouroucôm. Je me suis demandé si ces deux noms ne désignent pas le Père Valegnan, qui vint au Japon en qualité de *visiteur*. Ouroucan, d'après certain récit, y arriva déjà en 1561. *Ou* et *fou* s'échangent facilement dans une bouche japonaise, quand il s'agit de prononcer un nom étranger. On a vu, aux pages 45 et 46, le mot ange transcrit *fouancho* et *ancho*. Le *n* final d'Ouroucan est, dans d'autres documents, très souvent remplacé par *m*. En tout cas *Fouroucôm* me paraît bien être ce Père Valegnan, qui dirigeait dans la province de Boungo un collège et un séminaire, fondés par le seigneur de cette province (voir les *Actes des apôtres modernes*, 1852, t. III, p. LIII).

b) Tous les différents textes que j'ai sous les yeux, et même celui que je traduis, à part le passage de la p. 277, donnent, au lieu de Marcos, Yariis. Je crois que la divergence provient simplement de ce qu'on a mal lu, dans la suite, les phonétiques chinoises employées d'abord pour transcrire ce nom. La phonétique initiale *mi* est la même que celle qu'on rencontre par exemple si souvent dans le nom d'Amida. Dans un nom purement Japonais, elle se lit *ya*. De même *ko* (qui est le caractère signifiant demeurer, à la clef 44) se lit en japonais pur, et non plus comme phonétique, *i*. Ces quatre phonétiques donnent Miricos, c'est-à-dire Marcos; il y a d'autres exemples, dans ces textes, de *mi* ou *me* pour *ma*.

c) A la page 276, il est question d'Amacava, nom qui se trouve dans tous les grands dictionnaires et encyclopédies du Japon, mais que l'on n'a pas encore identifié. La terminaison *cava* correspond au caractère chinois de *port*; c'est donc le port d'Ama; de même que Hong-kong est le Port des parfums. Les Japonais ont dû prendre ce nom tout fait des Chinois ou d'autres étrangers;

car, sans cela, ils auraient prononcé ce *cava* ou *kong* (ou même *kiang*) à leur façon, c'est-à-dire *kô*. Je ne sais s'il s'agit de Macao; mais alors les Japonais auraient su que c'était un port de Chine; ou peut-être d'Amboine, dans les Moluques, où, d'après une des lettres de saint François Xavier, le roi du Portugal tenait garnison, et les Portugais avaient un comptoir.

Le premier passage de la p. 276 offre justement un exemple de la défiguration des noms étrangers par des erreurs de copiste, dont j'ai parlé ci-dessus, à propos de Marcos. Il donne la lecture : port d'Ayen; mais il est indubitable qu'il s'agit d'Ama. Une légère altération de la phonétique chinoise suffit à amener cette erreur.

En 1685, un vaisseau ramena de ce port douze Japonais que le vent y avait poussés. Cela ne prouve pas qu'il fût proche du Japon; car, en 1709, nous voyons un vaisseau chinois ramener quatre Japonais que le vent avait entraînés de Yédo à Luçon.

J'ajoute, à ce propos, qu'on voit à plusieurs reprises, dans les chroniques de l'époque (fin du xvi⁰ siècle), les Portugais arriver à Kiouchou en compagnie de vaisseaux de Djagatara, c'est-à-dire Java.

d) Je ne sais à quoi correspond le nom de Kôsimbi (p. 39); il doit désigner le Portugal, vu que tout ce qu'on en dit dans le présent ouvrage se rapporte selon d'autres récits au Portugal. Voir, p. 279, la description des missionnaires.

Alfred Millioud.

ANGERS, IMP. A. BURDIN ET Cⁱᵉ, RUE GARNIER, 4.